中国经济热点解读 2019
ZHONGGUO JINGJI REDIAN JIEDU

推动中国经济高质量发展

TUIDONG ZHONGGUOJINGJI
GAOZHILIANG FAZHAN

中央党校（国家行政学院）经济学部　曹　立　主编

人民出版社

出 版 说 明

改革开放四十多年来，中国经济发展取得了巨大成就，在经济体量和质量上不断迈上新台阶。进入新时代，中国经济面临着新的发展机遇和挑战，需要在保持一定增速的前提下继续提质增效，向改革要动力、向创新要活力、向质量要竞争力。党的十八大以来，以习近平同志为核心的党中央观大势、谋大局，发挥总揽全局、协调各方的领导核心作用，推动我国经济结构不断优化、发展质量和效益不断提高，我国经济实力再上新台阶。

为了帮助广大读者准确把握当前中国经济发展的态势，正确认识中国经济发展的前景，我们特邀中央党校（国家行政学院）的多名专家，围绕中国经济高质量发展的热点撰写了本书。该书从把握重要战略机遇新内涵、坚持以供给侧结构性改革为主线等九个方面对当前中国经济的热点问题进行了深入浅出的解读。本书具有历史纵深感和未来穿透力，从回顾历史中总结中国经济发展的经验和规律，紧扣当下的经济高质量发展的热点，精辟分析了中国经济发展在不同领域和环节存在的问题及其解决之道，展望了中国经济发展的未来前景，具有很强的前瞻性和针对性。希望该书的出版能让读者全面理解把握中国经济高质量发展的内涵和精神，以优异的成绩迎接新中国成立 70 周年。

人民出版社

2019 年 6 月

目　录

第 一 章

把握重要战略机遇新内涵

〰〰〰〰〰〰〰〰〰〰〰〰〰〰〰〰〰〰

2018 年，世界形势持续发生错综复杂的变化，国际格局呈现大发展、大变革、大调整的态势。正如 2018 年 12 月召开的中央经济工作会议所指出：世界面临百年未有之大变局，变局中危和机同生并存，这给中华民族伟大复兴带来重大机遇。要善于化危为机、转危为安，紧扣重要战略机遇新内涵。2019 年的《政府工作报告》指出：今年我国发展面临的环境更复杂更严峻，可以预料和难以预料的风险挑战更多更大，要做好打硬仗的充分准备。困难不容低估，信心不可动摇，干劲不能松懈。我国发展仍处于重要战略机遇期，拥有足够的韧性、巨大的潜力和不断迸发的创新活力。2019 年，是全面建成小康社会、实现第一个百年奋斗目标的关键之年。世界处于百年未有之大变局，我国已经进入实现"两个一百年"奋斗目标的历史交汇期，这个阶段，也是国际国内各种矛盾的多发期。因此，把握重要战略机遇期新内涵，保持战略定力，实现经济持续健康发展，关系到社会主义现代化和中华民族伟大复兴的总任务的顺利完成，关系经济社会的大局稳定。

一、经济发展仍处于重要战略机遇期

国际格局面临百年未有之大变局，发展中国家和新兴经济体快速崛起，相比之下，美国和欧洲相对实力呈不断下降趋势，这些变化给世界带来很多不确定性因素。习近平总书记关于世界处于"百年未有之大变局"的观点，其本质是世界秩序的重塑，其核心是世界权力在国家之间、政府与社会之间的重新分配。深入分析大变局的内涵和发展趋势，对于科学把握转型期国际形势的演变规律，准确把握历史交汇期我国外部环境的基本特征，对于准确把握我国发展面临的机遇与挑战，进而主动作为，用好战略机遇期，具有重要的理论和现实意义。

（一）国际力量对比变化，由此引发国际格局与国际秩序大调整

百年前的第一次世界大战后，美国逐渐取代英国成为西方阵营领袖和世界秩序主导者。从第一次世界大战后的凡尔赛—华盛顿体系，到第二次世界大战后的雅尔塔体系，逐步确立了美国的霸主地位。冷战结束尤其是东欧剧变和苏联解体以来，世界权力从一个中心向多个中心扩散、各中心之间力量差距逐渐缩小，西方发达国家的世界主导地位持续走弱，多极化趋势逐步发展。进入 21 世纪尤其是 2008 年国际金融经济危机以来，多极化在不同层面和不同领域不断扩展，其广度和深度持续深化。一大批

新兴经济体和发展中国家群体性崛起，过去 10 年间金砖国家经济增长平均达到 6% 左右，国内生产总值总量占世界的份额达到 25% 以上，对世界经济增长的贡献率超过 50%。世界经济中心向亚太转移，百年来由西方国家主导国际政治的情况正在发生根本性变化。

（二）新一轮科技革命和产业革命深刻改变了世界的发展格局

在科技革命推动下，世界经济发生多次产业革命，从根本上改变了人类社会发展轨迹。英国抓住第一次工业革命先机，确立了引领世界发展的生产力优势；第二次工业革命后，美国从英国手中夺得先进生产力主导权，跃升为世界第一工业强国。进入 21 世纪以来，人类社会进入又一个前所未有的创新活跃期，新一轮科技和产业革命蓄势待发，其主要特点是：以新一代信息技术、生物技术、新能源技术、新材料技术、智能制造技术为代表的多种重大颠覆性技术不断涌现，科技成果转化速度明显加快，产业组织形式和产业链条更具垄断性。这对全球创新版图的重构和全球经济结构的重塑作用更为突出，将给世界带来无限发展的潜力和前所未有的不确定性。

（三）推进全球治理体制变革成为大势所趋，发展中国家对全球治理产生重大影响

第二次世界大战之后形成的国际秩序存在着诸多不公正、

不合理的弊端，与广大发展中国家所认可的，以国际关系准则为基础的国际秩序相距甚远。随着新兴经济体地位的不断上升，特别是国际金融危机爆发后发达国家与新兴经济体之间的力量对比发生变化，新兴经济体必然对现有全球经济治理产生影响。从机制方面来看，现有的全球经济治理机制无法有效解决当今世界出现的新问题，因此需要进行改革，这一点不仅为新兴经济体所主张，在发达国家内部也有共识。所谓"全球治理体制"就是世界上的事情该怎么管、如何办的问题。习近平总书记指出："新兴市场国家和一大批发展中国家快速发展，国际影响力不断增强，是近代以来国际力量对比中最具革命性的变化。"全球治理体制变革正处在历史转折点上，很多问题不再局限于一国内部，很多挑战也不再是一国之力所能应对。推进全球治理体制变革已是大势所趋，变革的关键是增加新兴市场国家和发展中国家的代表性和发言权。因此，全球治理体系的走向，关乎各国特别是新兴市场国家和发展中国家的发展空间，关乎全世界的繁荣稳定。

二、紧扣重要战略机遇的新内涵

世界在经历大变局的同时也蕴含着机遇与挑战。我们应抓住机遇，应对挑战，推动变局向我有利的方向发展，正如习近平总书记在2018年12月19日召开的中央经济工作会议上指出的："世界面临百年未有之大变局，变局中危和机同生并存，这给中华民族伟大复兴带来重大机遇。要善于化危为机、转危为安，紧扣重要战略机遇新内涵"①。这就要求我们要辩证看待国际环境和国内条件的变化，从时间与空间维度上，研判发展的机遇，增强忧患意识，紧扣重要战略机遇新内涵。

（一）国际环境的变化为我国参与全球治理带来机遇

逆全球化对国际贸易和投资带来一定的负面影响，加大了全球经济风险，加剧了全球资本和产品的竞争，但是不会逆转全球化的发展大势。全球化进入新阶段，未来的全球化不再仅由西方决定，新兴经济体成为推动全球化的重要力量。"新全球化"应当建立在平等相待、利益共享、包容互惠的原则之上，是以构建人类命运共同体为目标的全球化。这为中国成为新全球化"引领者"和"塑造者"，提供了重大历史机遇，极大地增强了中国在全球治理中的话语权。

（二）科技革命带来技术与产业升级的新机遇

当今时代，科技水平已经成为影响世界经济周期最主要的变量，也是决定经济质量的重要因素。最为重要的是，新一轮科技革命正在塑造着全球经济结构和政治格局。其基本路径是：主导技术变化——关键生产要素变化——生产方式变化——国际经济格局变化。例如，随着大数据、物联网、人工智能、3D 打

---

① 习近平：《在中央经济工作会议上的重要讲话》，《人民日报》2018 年 12 月 22 日第 1 版。

印等新兴技术的发展，数据成为关键生产要素，必然带来研发
方式和制造方式变化，从而使生产格局、投资格局、贸易格局
以及创新格局发生重大变化，由此带来国际经济格局的重大变
化。面对数字化、网络化、智能化融合发展的新契机，我国在
5G 技术、工业互联网、物联网、大数据、人工智能和制造业深
度融合等领域，有较好的基础和增长潜力，发展前景十分广阔。
同时，新一轮科技革命和产业变革将为我国转变经济发展方式、
优化经济结构、转换增长动力提供机遇。一方面，新技术推动
传统产业转型升级。新一代信息技术和智能制造技术融入到传
统制造业的产品研发、设计、制造过程，将推动我国传统制造
业由大批量标准化生产转变为以互联网为支撑的智能化个性化
定制生产，大幅提升传统产业发展能级和发展空间；另一方面，
新技术促进制造业服务业融合发展。新一代信息技术、智能制
造技术等全面嵌入到制造业和服务业领域，促进制造业和服务
业在产业链上融合。随着产业高度融合、产业边界逐渐模糊，
新技术、新产品、新业态、新模式将不断涌现，带来现代产业
体系的加速重构。

（三）我国经济的综合实力显著提升，为经济发展奠定了坚实的基础

2018 年，我国国内生产总值增长 6.6%，总量突破 90 万亿
元，占世界经济的比重达到 16%，对世界经济增长的贡献率达
到 30%，中国制造业占世界制造业比重达到 27.7%。如今的中

国是世界第二大经济体、制造业第一大国、外汇储备第一大国、货物贸易第一大国。中国制造、中国创造、中国建造，一方面成为我国进一步发展的强大基础，另一方面也凸显了中国发展的新比较优势。

（四）我国拥有潜力巨大的国内市场，经济的韧性和回旋余地大

中国人均国内生产总值按汇率折算已经达到了 9000 多美元，按世界银行的划分标准，已经进入了中等收入阶段。目前处于这个层次的大概有 4 亿多人，约占中国总人口的 30%。这意味着，中国成为世界第一大内需消费市场。

由此可见，尽管我国经济面临下行压力，但经济发展长期向好的基本面没有变，支撑经济持续增长的良好基础和条件没有变，我国发展仍处于重要战略机遇期。战略机遇期也是重要考验期，在经济新常态下，要保持定力用好机遇，实现经济持续健康发展。一方面用"稳"来应对"变"。要坚持稳中求进的工作总基调，通过坚持六个稳，即稳就业、稳金融、稳外贸、稳外资、稳投资、稳预期，来提振市场信心，增强人民群众获得感、幸福感、安全感，保持经济持续健康发展和社会大局稳定；另一方面要变"压力"为"动力"，主动作为，化危为机。通过加快经济结构优化升级，提升科技创新能力，深化改革开放，加快绿色发展，参与全球经济治理体系变革，变压力为加快推动经济高质量发展的动力。

三、坚定不移推动经济高质量发展

经济高质量发展，可以从狭义与广义两个角度来理解。从狭义上看，经济高质量发展，就是一个经济体（或企业）在投入上，能通过科技手段合理配置生产要素，推动效率变革，实现资源要素配置由粗放经营转向集约经营，使资源要素的利用效率大幅度提高；在产出上，能通过技术创新和管理创新推动质量变革、动力变革，使产出品质和效益明显提升。从广义上看，理解经济高质量发展不仅仅限于经济增长范畴，还应考虑社会、政治、文化、生态等多方面的影响因素。因此，经济高质量发展应包含如下内涵：

（一）高质量发展，是体现新发展理念的发展

党的十八届五中全会提出要树立和坚持创新、协调、绿色、开放、共享的发展理念。新发展理念是习近平新时代中国特色社会主义思想的主要内容。按照新发展理念推动我国经济社会发展是大趋势，创新是引领发展的第一动力，着力解决的是发展的动力问题；协调是持续健康发展的内在要求，着力解决的是发展不平衡的问题；绿色是永续发展的必然条件和人民对美好生活追求的重要体现，着力解决的是人与自然的和谐问题；开放是国家繁荣发展的必由之路，着力解决的是发展内外联动的问题；共享是中国特色社会主义的本质，着力解决的是社会公平正义的问题。

新发展理念是我国破解发展难题、增强发展动力、厚植发展优势的行动指南。

（二）高质量发展，是高质量的供给和高质量的需求相统一的发展

从供给方面看，高质量发展应该具有比较完备的产业体系，网络化智能化的生产组织方式，强大的创新力、品牌影响力、核心竞争力以及发现和捕捉需求的能力；从需求方面看，高质量发展应该不断满足人民群众个性化、多样化、不断升级的需求，这种需求又引领供给体系和结构的变化，供给变革又不断催生新的需求。

（三）高质量发展，是投入产出效益最大化的发展

高质量发展的重要标志是不断提高劳动、资本、土地、资源、环境等要素的投入产出效率，不断提升科技进步贡献率，不断提高全要素生产率。习近平同志指出，"经济发展就是要提高资源尤其是稀缺资源的配置效率，以尽可能少的资源投入生产尽可能多的产品、获得尽可能大的效益"[①]。

（四）高质量发展，是经济循环通畅的发展

经济循环是生产与流通、分配与消费、虚拟与实体、国内

---

① 习近平：《关于〈中共中央关于全面深化改革若干重大问题的决定〉的说明》，《人民日报》2013 年 11 月 16 日第 1 版。

和国际良性互动的过程，这是经济持续发展的基础。当前我国经济存在三大失衡：供给和需求的失衡、金融和实体经济失衡、房地产和实体经济失衡，就是经济循环不畅的具体表现。高质量发展要使国民经济循环畅通，加快建设统一开放、竞争有序的现代市场体系，提高金融体系服务实体经济能力，使国内市场和生产主体、经济增长和就业扩大、金融和实体经济良性循环。

（五）高质量发展，是分配科学合理的发展

收入分配既是经济运行的结果，也是经济发展的动力，收入分配的质量好坏，直接反映经济结构的优劣。习近平同志在谈新常态下该怎么干时指出，推动经济发展，要更加重视提高发展质量和效益。衡量发展质量和效益，"就是投资有回报、产品有市场、企业有利润、员工有收入、政府有税收、环境有改善，这才是我们要的发展。"[1] 这里所讲的投资有回报、企业有利润、员工有收入、政府有税收，就是如何合理分配的问题。

高质量发展要聚焦建设现代化经济体系。建设现代化经济体系是习近平同志在党的十九大报告中对经济建设作出的重大战略部署。进入经济新常态，我国经济发展正处在转变发展方式、优化经济结构、转换增长动力的攻关期，尽管经济运行总体平稳、稳中向好，但从当前和长期看，稳中向好的基础还不牢固，经济发展还有重要关口需要跨越，过不了这个关口，经济就不可

---

① 　中共中央宣传部：《习近平总书记系列重要讲话读本（2016 年版）》，学习出版社、人民出版社 2016 年版，第 146 页。

能真正进入高质量发展阶段。因此，建设现代化经济体系是跨越关口的迫切要求，是实现经济高质量发展的重要支撑和必须聚焦的战略目标。十九大报告对此作出了总体部署，现代化经济体系建设的基本原则是坚持质量第一、效益优先；现代化经济体系建设的工作主线是深化供给侧结构性改革；现代化经济体系建设的着力点是加快建设实体经济、科技创新、现代金融、人力资源协同发展的产业体系；现代化经济体系建设的制度保障是构建市场机制有效、微观主体有活力、宏观调控有度的经济体制；现代化经济体系建设的根本目标是推动经济发展质量变革、效率变革、动力变革，提高全要素生产率，不断增强我国经济的创新力和竞争力。一言归之，现代化经济体系是以新发展理念为统领，以高质量发展为核心，经济结构合理、创新动力强劲、发展方式集约、实体经济振兴、体制机制健全的经济体系，是一个创新的经济体系、协调的经济体系、绿色的经济体系、开放的经济体系、共享的经济体系。

四、坚持以供给侧结构性改革为主线

我国经济运行主要矛盾仍然是供给侧结构性的问题，必须坚持以供给侧结构性改革为主线不动摇。供给侧结构性改革旨在调整经济结构，使要素（劳动力、土地、资本、制度创造、创新等）实现最优配置，通过提高全要素生产率，提高潜在产出水平，从而提升经济增长的质量和效益，释放潜在的增长能力。

2018 年以来，供给侧结构性改革深入推进，去产能、去库存、去杠杆、降成本、补短板这五大任务共同发力，取得显著成绩，为高质量发展夯实了基础。2019 年应对经济下行压力，要坚持供给侧结构性改革为主线不动摇，更多采取改革的办法，更多运用市场化、法治化手段，强调在"巩固、增强、提升、畅通"八个字上下功夫。巩固是推动更多产能过剩行业加快出清，来巩固"三去一降一补"成果；增强是发挥企业和企业家主观能动性，增强微观主体活力；提升是培育和发展新的产业集群，提升产业链水平；畅通是加快建设统一开放、竞争有序的现代市场体系，提高金融体系服务实体经济能力，畅通国民经济循环。

（一）通过深化市场经济体制改革，增加有效制度供给

进入新常态，我国经济有没有活力和动力，关键在市场主体。要激发市场主体活力，关键在深化改革，要明确界定政府与市场的边界，使经济结构的调整由政府主导转变为市场主导。发挥市场配置资源的决定性作用，理顺政府与企业关系、政府与社会的关系，释放经济主体的活力。深化供给侧结构性改革，必须以完善产权制度和要素市场化配置为重点深化经济体制改革，坚决破除制约发展活力和动力的体制机制障碍。一是坚持和完善基本经济制度。要加快国资国企改革，坚持政企分开、政资分开和公平竞争原则，积极推动国有企业混合所有制改革。要支持民营企业发展，营造法治化制度环境，保护民营企业家人身安全和财

产安全。二是深化"放管服"改革，推动降低制度性交易成本。进一步缩减市场准入负面清单，推动"非禁即入"普遍落实。政府要最大限度减少对资源的直接配置，强化事中事后监管，加快推动要素市场化改革和形成竞争性市场体制。凡是市场能自主调节的就让市场来调节，凡是企业能干的就让企业干。三是创新和完善宏观调控，发挥国家发展规划的战略性导向作用，健全财政、货币、产业、区域、消费、投资等经济政策协调机制，加快建立现代财政制度，深化金融体制改革，完善资本市场基础制度，促进多层次资本市场健康稳定发展。

（二）通过科技创新提高全要素生产率，增加有效技术供给

党的十九大报告中明确指出，"必须坚持质量第一、效益优先，以供给侧结构性改革为主线，推动经济发展质量变革、效率变革、动力变革，提高全要素生产率"①。所谓"全要素生产率"，通常也叫作技术进步率，是西方新古典学派经济增长理论中衡量技术进步对经济增长贡献的指标。从我国经济发展面临的不平衡、不协调、不可持续问题着眼，立足于实现经济增长的动力转换，就是要坚持创新引领发展，培育壮大新动能，努力提高全要素生产率。各国的创新实践表明，企业是创新的主体，是最

---

① 习近平：《决胜全面建成小康社会　夺取新时代中国特色社会主义伟大胜利——在中国共产党第十九次全国代表大会上的报告》，人民出版社 2017 年版，第 30 页。

活跃的创新单元，政府需要为企业从事创新活动提供良好的制度环境。深化供给侧结构性改革，通过科技创新，增加有效技术供给。一是要加大基础研究和应用基础研究支持力度，强化原始创新，加强关键核心技术攻关；二是推进科技体制改革，加快科技成果向现实生产力转化；三是健全以企业为主体的产学研一体化创新机制；四是完善风险投资体系，发挥金融在高新技术产业和技术创新中的支持作用；五是加强对知识产权的保护力度，完善相关法律法规。通过自主创新能力的提高促进产业升级，发挥创新驱动在提高企业供给质量与效率方面的支撑与引领作用。

五、促进形成强大国内市场

在外部环境复杂严峻、经济面临下行压力的背景下，内需的稳定发展对我国经济平稳运行至关重要。形成强大国内市场意味着我国经济发展战略支点的大转移，对解决当前问题，实现"两个一百年"奋斗目标都具有重大的现实意义和深远历史意义。

告别了短缺经济，我国经济进入到消费主导的经济时代，随着收入水平的提高，消费结构发生了重大转换，如何满足人民对美好生活需要，成为经济发展新的空间所在。从宏观上来看，消费和投资所产生的市场需求决定生产规模，消费水平升级、消费结构变化，以及相应的投资结构变化，将催生新的产业，极大地拓展经济增长空间。从微观层面来看，消费和投资的扩大有利于激活市场主体投资的积极性，驱动技术进步与创新，是促进企业发展的动力源泉。

中国改革开放四十多年来，消费品由数量短缺向供给充裕转变，消费总量不断扩大，消费结构也逐步优化，为国内市场发展开辟了前所未有的广阔空间，从宏观层面来看，消费已成为促进中国经济稳定增长的主要动力。反映消费品市场发展水平与规模的统计指标——社会消费品零售总额，由 1978 年的 1559 亿元增加到 2018 年的 38 万亿元，年均增长率为 15%。最终消费支出对国内生产总值增长的贡献率由 1978 年的 38.3% 提升至 2018 年前三季度的 76.2%。消费已成为拉动经济增长的第一驱动力。2018 年在宏观经济下行压力下，我国经济能够保持 6.6% 的平稳增长，国内消费也保持了平稳增长，充分发挥了经济稳定器的作用。

但应该看到，当前我国消费和投资增速处于历史低位，一方面，消费市场呈现短期波动，升级类消费增势减弱。2018 年前三个季度，全国社会消费品零售总额实际增长 7.4%，增幅较 2017 年同期回落 1.9 个百分点。全国住户调查数据显示，交通通信、教育文化娱乐都较 2017 年同期增速回落了 0.6 和 2.7 个百分点。另一方面，部分企业和行业尤其是一些民营企业和中小企业处境较困难，投资力度减弱。特别在当前，国际市场竞争复杂且激烈，出口受阻，占出口企业 40% 的中小微民营企业，显然面临着巨大竞争压力。因此，2019 年保持经济社会大局稳定，必须稳定消费和投资，提振中国经济发展的信心。另外，稳住国内市场，还能稳住外资和外贸，改变国际市场对中国经济发展的预期。

促进形成强大国内市场，需要从消费需求、投资需求这两大领域释放国内市场潜力。消费需求是最终消费性需求，在再生产过程中起决定性作用；投资需求是生产性需求，生产性需求是中间需求，是从属于再生产过程终点的消费性需求。扩大消费需求，可以直接刺激生产，因为消费需求的领域是消费品市场；扩大投资需求，要经过分配、消费阶段，才能刺激生产，因为投资需求的领域是生产资料市场。

按照中央经济工作会议精神，消费将从完善供给、改善环境和增强消费能力方面发力。投资将从聚焦新型基础设施建设、城际交通、基建补短板方面发力。

（一）紧扣主要矛盾，顺应消费升级趋势，形成消费大市场

中国特色社会主义进入新时代，我国社会主要矛盾已经转化为人民日益增长的美好生活需要和不平衡不充分的发展之间的矛盾。消费需求越来越个性化和多样化，对产品和服务质量的要求也越来越高。消费升级变化呈现新的趋势，即整体消费不断向服务消费升级；商品消费向中高档升级；服务消费向提质增效升级；线下消费向线上线下结合升级。要顺应消费需求变化，增加高质量产品和服务的供给，形成消费大市场。2019 年进一步从供给侧发力，继续深入实施消费升级行动计划，改善消费环境，让老百姓吃得放心、穿得称心、用得舒心，更好地满足人民美好

生活需要。2019 年 1 月 29 日，国家发改委发布了促进消费实施方案，即《进一步优化供给推动消费平稳增长促进形成强大国内市场的实施方案》。重点是推出稳住汽车、家电等热点产品消费的措施；加快发展住房租赁市场，完善家政服务、养老、托幼的配套政策；挖掘农村网购和乡村旅游消费潜力。

（二）聚焦关键领域，补齐基础设施短板，形成投资大市场

我国发展现阶段投资需求潜力仍然巨大，但是，从宏观调控面临的主要任务来看，我国已经进入了稳定总需求和结构性去杠杆的关口期，宏观经济政策强化逆周期调节作用，就不能进行大规模的强刺激，因此，从供给侧结构性改革来看，就是要聚焦关键领域，要发挥投资的关键作用，补齐各项基础设施短板，促进有效投资，形成投资大市场。一方面，要加大脱贫攻坚、农业农村、水利、生态环保、社会民生、能源、交通基础设施等领域补短板投资力度。重点支持落实易地扶贫搬迁、贫困地区特别是"三区三州"等深度贫困地区基础设施、污染防治、棚户区改造等。2019 年，我国要加强交通、物流、市政等传统基础设施建设，支持养老设施建设及服务，补贴老旧小区加装电梯等投资。近期，国家发改委批复了上海、杭州、重庆、济南等城市的多条轨道交通建设，其中仅沪杭两城就新增 10 条轨道交通线路，新增项目投资总额将近 3500 亿元。另一方面，加强新型基础设施建设，推进人工智能、工业互联网、物联网建设。要加快 5G 商

用步伐，加强人工智能、工业互联网、物联网等新型基础设施建设。

（三）深化体制改革，建设现代市场体系，构建大市场基础

形成强大国内市场最为关键的是要加快建设统一开放、竞争有序的现代市场体系。这就是要构建国内市场发展的基础，即实现市场准入畅通、市场开放有序、市场竞争充分、市场秩序规范，企业自主经营公平竞争、消费者自由选择、商品和要素自由流动平等交换的现代市场体系。目前，形成强大国内市场仍然面临很多障碍，如市场秩序不规范，诚信体系有待健全；一些消费领域的消费安全和消费者合法权益得不到切实保障；市场竞争不充分，全国统一市场建设仍需加快，审慎包容的监管体系有待完善。这使得一些消费领域出现消费者不能消费、不愿消费和不敢消费的情况，影响了消费升级和消费创新。因此，要进一步深化体制改革，建设现代市场体系，构建大市场发展的基础，通过释放改革红利来释放市场潜力。

（曹立：中央党校（国家行政学院）经济学部教授）

第 二 章

坚持以供给侧结构性改革为主线不动摇

2018 年中央经济工作会议指出："我国经济运行主要矛盾仍然是供给侧结构性的，必须坚持以供给侧结构性改革为主线不动摇。"这是在我国经济发展新常态背景下提出的科学的改革举措。在内外部环境和条件的共同作用下，我国经济进入新常态，经济增速也由高速增长转变为中高速增长。此时我国经济发展的主要矛盾和约束条件随之发生了深刻变化。随着人力、资本以及土地等生产要素成本的上升，粗放式的投资依赖型经济增长方式难以为继，资本边际效率下降，人口红利衰退，环境约束日益明显，使得我国经济面临着巨大的下行压力。与此同时，我国结构性产能过剩问题凸显，环境污染严重，科技创新能力、经济内生动力不足，可持续发展面临阻碍。总而言之，我国经济结构性分化正趋于明显。为适应这种变化，在传统的需求管理仍有优化提升空间的同时，迫切需要实施供给侧管理，通过改革制度供给，优化体制机制，大力激发微观经济主体活力，增强我国经济长期稳定发展的新动力。因此，要坚持以供给侧结构性改革为主线不动摇，激发经济活力，推动供需结构的有效匹配，促进国民经济的可持续发展。

一、推进供给侧结构性改革的重大意义

（一）推进供给侧结构性改革是实现我国经济高质量发展的根本举措

党的十九大报告指出，我国经济已由高速增长阶段转向高质量发展阶段。我国经济发展的内在要求，已经从过多追求数量与规模增长转到注重质量和效益的提高。深入推进供给侧结构性改革为经济高质量发展提供持续动力。随着近年来我国"破、立、降"力度持续加大，"三去一降一补"深入推进，实体经济活力不断释放，经济发展新动力不断增强。这主要表现在：经济结构不断优化，消费拉动经济增长的作用进一步增强，服务业对经济增长的贡献率接近 60%，高技术产业、装备制造业增速明显快于一般工业。能源资源利用效率提高，单位国内生产总值能耗下降，发展质量和效益继续提升。新动能快速成长，一批重大科技创新成果相继问世，新兴产业蓬勃发展，传统产业加快转型升级，新动能正在深刻改变传统的生产生活方式、塑造发展新优势。因此，要坚持供给侧结构性改革不动摇，减少无效和低端供给，增加高端和有效供给，提高供给体系的质量和水平，促进经济社会持续健康发展。

（二）推进供给侧结构性改革是适应我国社会主要矛盾变化的必然选择

长期以来，我们党始终通过纷繁复杂的社会现象揭示社会主要矛盾，进而分析和把握社会发展的阶段性特征，并在此基础上科学制定党在各个时期的纲领和路线。党的十一届六中全会所提出的关于社会主要矛盾的认识，就是抓住了社会主义的生产目的是为了最大限度地满足人民群众不断增长的物质文化生活需要，而当时落后的社会生产力并不能满足社会需求，因此，供需的对立统一关系也就构成了社会主要矛盾。十九大对于社会主要矛盾做出的判断仍然延续着这一逻辑分析框架，分析需求与供给之间的矛盾关系，并指出："我国社会主要矛盾已经转化为人民日益增长的美好生活需要和不平衡不充分的发展之间的矛盾。"我国社会主要矛盾的转化是关系全局的历史性变化，对党和国家的经济工作提出了许多新要求，特别是要解决好发展不平衡、不充分的结构性矛盾。这种结构失衡不再是面临着生产力的绝对短缺，而是相对短缺背景下的供给结构和需求结构的总量与结构失衡，就必须牢牢坚持以结构优化来化解矛盾的"供给侧结构性改革"，从以往过多追求总量和规模，重点解决周期性问题的"需求侧管理"转向更加重视解决结构性问题的"供给侧管理"，不断优化供给和需求结构，实现供求结构的动态平衡。

（三）推进供给侧结构性改革是跨越中等收入陷阱的重要支撑

2018 年，我国人均国内生产总值已经达到了 9000 多美元。根据世界银行的统计标准，我国已站在"中等收入陷阱"的边缘。由于前期增长主要依靠要素投入，核心技术依附于发达国家，自主创新能力不强，随着与前沿国家技术落差的逐步缩小，出现了生产率持续下滑的情况，使得实体经济发展动力不足，难以满足经济社会持续发展的需要。如果经济结构调整不到位，可能导致"脱实向虚"，债务风险高企。如果宏观经济政策失当，将进一步导致债务风险暴露和资金从实体经济抽逃，加速经济进入衰退通道。在这种情况下，在高速增长时期掩盖的矛盾与风险愈发凸显，国家将出现产业转型艰难、体制机制僵化以及社会矛盾突出等问题，进而落入"中等收入陷阱"。要成功跨越"中等收入陷阱"，关键是要扎实推进供给侧结构性改革，通过改革的手段，构建合理有效的体制机制，盘活存量资源，逐步消化经济高速发展阶段遗留的问题，加快培育经济发展的新空间和新动能，同时避免宏观经济政策大起大落和出现偏差。

二、深化供给侧结构性改革的实践举措

2015 年 11 月 10 日，习近平总书记在主持召开中央财经领导小组第十一次会议时首次提出供给侧结构性改革，具体指出：

"着力加强供给侧结构性改革，着力提高供给体系质量和效率，增强经济持续增长动力，推动我国社会生产力水平实现整体跃升。"2015年的中央经济工作会议指出："2016年经济社会发展特别是结构性改革任务十分繁重，战略上要坚持稳中求进、把握好节奏和力度，战术上要抓住关键点，主要是抓好去产能、去库存、去杠杆、降成本、补短板五大任务。"2016年的中央经济工作会议指出："以'三去一降一补'五大任务为抓手，推动供给侧结构性改革取得初步成效，部分行业供求关系、政府和企业理念行为发生积极变化，要继续深化供给侧结构性改革。"

在去产能方面，重点化解钢铁、煤炭等重点产能过剩行业的过剩产能，抓住处置"僵尸企业"这个牛鼻子，严格执行环保、能耗、质量、安全等相关法律法规和标准，创造条件推动企业兼并重组，妥善处置企业债务，做好人员安置工作。防止已经化解的过剩产能死灰复燃，同时用市场、法治的办法做好其他产能严重过剩行业的去产能工作。去库存方面，坚持分类调控，因城因地施策，重点解决三四线城市房地产库存过多问题。把去库存和促进人口城镇化结合起来，提高三四线城市和特大城市间基础设施的互联互通，提高三四线城市教育、医疗等公共服务水平，增强对农业转移人口的吸引力。去杠杆方面，在控制总杠杆率的前提下，把降低企业和地方政府杠杆率作为重中之重，有效化解地方政府债务风险。做好地方政府存量债务置换工作，完善全口径政府债务管理，改进地方政府债券发行办法，规范政府举债行为。支持企业市场化、法治化债转股，加大股权融资力度，加强企业自身债务杠杆约束等，降低企业杠杆率。加强全方位监管，规范各类融资行为，抓紧开展金融风险专项整治，坚决遏制非法集资蔓延势头，加强风险监测预警，妥善处理风险案件，坚决守住不发生系统性和区域性风险的底线。在降成本方面，在减税、降费、降低要素成本上加大工作力度。降低各类交易成本特别是制度性交易成本，减少审批环节，降低各类中介评估费用，降低企业用能成本，降低物流成本，提高劳动力市场灵活性，推动企业眼睛向内，着力降本增效。在补短板方面，要从严重制约经济社会发展的重要领域和关键环节、从人民群众迫切需要解决的突出问题着手，既补硬短板也补软短板，既补发展短板也补制度短板。要更有力、更扎实地推进脱贫攻坚各项工作，集中力量攻克薄弱环节，把功夫用到帮助贫困群众解决实际问题上，推动精准扶贫、精准脱贫各项政策措施落地生根。

2017 年召开的中央经济工作会议指出："中国特色社会主义进入了新时代，我国经济发展也进入了新时代，基本特征就是我国经济已由高速增长阶段转向高质量发展阶段。"推动高质量发展，是保持经济持续健康发展的必然要求，是适应我国社会主要矛盾变化和全面建成小康社会、全面建设社会主义现代化国家的必然要求，是遵循经济规律发展的必然要求。推动高质量发展是当前和今后一个时期确定发展思路、制定经济政策、实施宏观调控的根本要求。为此，会议指出，要持续深化供给侧结构性改革，重点在"破、立、降"上下功夫。进入新时代，中国经济由高速增长阶段转向高质量发展阶段。如何实现中国制造向中国创造、中国速度向中国质量、制造大国向制造强国的转变？关键就是要坚定推进供给侧结构性改革，大力推行"破、立、降"。

首先是"破"，不破不立。为什么要破？"僵尸企业"、过剩产能，占用了大量社会资源，拉低了经济运行的效率。因此，"破"就是要大力破除无效供给，将处置"僵尸企业"作为重要抓手，推动化解过剩产能。只有坚决破除这类无效供给，该淘汰的果断淘汰，该退出的彻底退出，才能真正实现市场的优胜劣汰，为培育发展新动能腾挪出足够空间和资源。所以，破不是目的，目的是要立，只有破的前提，才有立的基础。

其次是"立"，"立"不是非要等到"破"之后，而是要和"破"同时进行。"立"就是大力培育新动能，强化科技创新，推动传统产业优化升级，培育一批具有创新能力的排头兵企业。因此，"立"的体现在于新动能，新经济的壮大和健康、可持续、高质量的经济形态的形成，立出新动能、新技术、新模式、新业态。立的核心是创新。传统产业要实现转型升级，变为"高精尖"产业，唯有靠创新。新兴产业步入快车道，挑起发展大梁，也要靠创新。创新是引领发展的第一动力，是建设现代化经济体系的战略支撑。随着供给侧结构性改革的深入推进和持续创新，"立"的空间和可用资源会越来越多，在庞大的市场需求和创新驱动下，促使新动能新经济培育壮大。

最后是"降"，"降"就是大力降低实体经济成本，降低制度性交易成本，清理涉企收费，降低用能、物流成本。如果说破与立更多的是要让市场在资源配置中发挥决定性作用，降则是更加强调政府的作用发挥与职能履行。导致低水平的无效供给过多与高水平的有效供给不足的深层次原因，一方面是改革进入深水区和攻坚期，既得利益者想方设法阻碍改革进程，利益格局更为复杂多样，导致政府效能低下，资源错配和要素扭曲；另一方面是行政效能低，政府管得过多过深，使得市场难以发挥作用，导致企业运营成本居高不下，实体经济特别是其中的制造业，往往投入成本高、产出周期长、利润空间有限。迈入高质量发展阶段，需要企业主动爬坡，沉下心来提质增效，这离不开良好的市场环境和积极的政策引导。所以，"降"，就是为企业减压，继续大力简政放权、实实在在地为企业降成本，特别是要降低那些迫使企业浪费大量人力物力的制度性交易成本，使得企业更好地参与市场竞争。

作为供给侧结构性改革的重要内容，"三去一降一补"成效显著，使得国民经济延续总体平稳、稳中向好的发展态势，结构调整深入推进，新旧动能持续转换，经济向着高质量发展迈进。

从去产能方面来看，2017 年预期目标为压减钢铁产能 5000 万吨左右，实际完成 5000 万吨以上；计划退出煤炭产能 1.5 亿吨以上，实际累计化解 2.5 亿吨；计划淘汰、停建、缓建煤电产能 5000 万千瓦以上，实际完成 6500 万千瓦。《中华人民共和国 2017 年国民经济和社会发展统计公报》显示，2017 年全年全国工业产能利用率为 77%，比上年提高 3.7 个百分点，为近五年来最高水平。根据中国煤炭工业协会发布的《2018 煤炭行业发展年度报告》显示，2018 年，"十三五"煤炭去产能主要目标任务基本完成。年产 30 万吨以下煤矿产能减少到 2.2 亿吨 / 年以内。煤炭行业由总量性去产能转向系统性去产能和结构性优产能。2018 年原计划再压减钢铁产能 3000 万吨左右，实际完成 3500 万吨以上；原计划退出煤炭产能 1.5 亿吨左右，实际完成 2.7 亿吨。此外，12 月份 70 个大中城市新建商品住宅销售价格月同比上涨的城市个数为 61 个，比 1 月份减少 5 个；下降的为 9 个，增加 5 个。经过持续 3 年的努力，煤炭行业产业集中度逐步提高，优质产能占比进一步提升并稳步释放，大型现代化煤矿已成为全国煤炭生产的主体，行业供给质量和效率大幅提升。

从去库存方面来看，2018 年 2 月，国家统计局发布《中华人民共和国 2017 年国民经济和社会发展统计公报》。数据显示，全年房地产开发投资 109799 亿元，比上年增长 7.0％。其中住宅投资 75148 亿元，增长 9.4％；办公楼投资 6761 亿元，增长 3.5％；商业营业用房投资 15640 亿元，下降 1.2％。同时，房地产去库存取得显著成效。2017 年年末商品房待售面积 58923 万平方米，比上年末减少 10616 万平方米。其中，商品住宅待售面积 30163 万平方米，减少 10094 万平方米。

从去杠杆方面来看，市场化债转股签约项目增加，企业杠杆率稳中趋降。2017 年金融杠杆、企业杠杆、投资杠杆有了较大程度下降，特别是通过资产管理市场、同业市场、非标市场的清理整顿，潜在金融风险有所化解。2018 年末，规模以上工业企业资产负债率为 56.5％，比上年降低 0.5 个百分点，杠杆率持续下降。其中，国有控股企业资产负债率为 59.4％，同比降低

1.3 个百分点，为 2016 年以来最低水平。这些措施不仅推动了企业杠杆率下降，而且有力促进了国企混合所有制改革，有助于建立企业负债杠杆自我约束长效机制。

从降成本方面来看，企业的财务成本、制度性成本明显下降。到 2017 年，国务院部门行政审批事项削减 44%，非行政许可审批彻底终结。行政审批终结服务事项压减 74%，职业资格许可和认定大幅减少。2017 年上半年，每百元主营业务收入中的成本和费用分别为 85.69 元和 7.29 元，同比分别减少 0.02 元和 0.35 元；企业成本费用在能源原材料价格明显上涨的情况下仍同比下降，2018 年，规模以上工业企业每百元主营业务收入中的成本和费用合计为 92.58 元，比上年降低 0.18 元，全年减税降费规模达 1.3 万亿元，说明降成本工作取得了实效。降低实体经济企业成本是供给侧结构性改革的重要任务。减税、降费、降低要素成本，使企业轻装上阵，提高了竞争力，增加了经济潜在增长能力。

从补短板方面来看，短板领域投资快速增长。2017 年，基础设施投资和民生方面的投资不断加大。全年生态保护和环境治理业、公共设施管理业、农业固定资产投资（不含农户）分别比上年增长 23.9%、21.8% 和 16.4%。投资区域从东部向中西部转移，从中心城市向郊区转移，从城镇向农村转移，从硬件基础设施向包括信息技术设施在内的软件基础设施转变。新兴产业特别是包括电信和交通运输在内的新兴基础性产业增长体量巨大。2018 年全年生态保护和环境治理投资、农业固定资产投资（不含农户）分别比上年增长 43.0% 和 15.4%，创新驱动、脱贫攻坚和民生建设等领域的投入力度加大。

随着"三去一降一补"工作的持续推进，成效外溢显著。从经济总体运行来看，2018 年我国经济最显著的特点是经济运行的稳定性不断增强。在经济增长速率上，2017 年上半年国内生产总值同比增长 6.9%，较去年同期提高了 0.2 个百分点，也是 2015 年第四季度以来的最高值。截至今年第二季度，国内生产总值增速已连续八个季度稳定在 6.7%—6.9% 的中高速区间，这表明中国经济波动已经趋于平稳化，新常态下经济增长缓中趋稳的向好局面得到巩固。从就业、物价等其他主要宏观经济指标看，"稳中有进"同样是主基调。上半年城镇新增就业同比增加 18 万人，完成全年目标的三分之二强；6 月份全国城镇调查失业率已经连续两个月保持在 5% 以下；上半年 CPI 同比上涨 1.4%，涨幅与一季度持平，核心 CPI 同比涨幅 2.1%，PPI 同比上涨 6.6%，既遏制了通货紧缩势头，又不存在明显的通货膨胀压力。国内生产总值从 2014 年的 64.13 万亿元上升到 2018 年的 90.03 万亿元。同时，经济发展的新动能正呈逐年加速增长之势。国家统计局发布的经济发展新动能指数显示，2015 年至 2017 年该指数分别为 123.5、156.7、210.1，分别比上年增长 23.5%、26.9% 和 34.1%。

从经济结构来看，我国产业结构和需求结构也发生了深刻的变化。2018 年第一产业增加值 64734 亿元，相比 2015 年增长 12%。第二产业增加值 366001 亿元，相比 2015 年增长 29.8%，以区块链、人工智能、云服务、大数据等为代表的新一代信息技术发展迅猛，带来了空前的技术变革，创造出新应用场景、新运行模式、新发展业态，满足变化更快、要求更高、形态更多的社会需求，加快驱动生产力发展以及生产关系变革。第三产业增加值 469575 亿元，相比 2015 年增长 35.6%。第二产业对国内生产总值增长的贡献率从 2014 年的 47.9% 下降到 2017 年的 35.7%，第三产业蓬勃发展，对国内生产总值增长的贡献率从 2014 年的 47.5% 提高到 2018 年的 59.6%。此外，消费在国民经济中的地位也在不断上升，2018 年消费支出最终对国内生产总值增长的贡献率为 76.2%，比上年提高 18.6 个百分点，高于资本形成总额 43.8 个百分点。全年全国居民人均消费支出实际增长 6.2%，增速比上年加快 0.8 个百分点，其中服务性消费占比为 44.2%，比上年提高 1.6 个百分点。其中，对于养老、旅游、体育等服务业的需求持续旺盛。

从经济效益上看，居民收入水平、就业率和城镇化率得到提高，工业利润得到增长，生态环境持续改善。2018 年，全国居民人均可支配收入 28228 元，比上年名义增长 8.7%，扣除价格因素，实际增长 6.5%。其中，城镇居民人均可支配收入 39251 元，同比增长 7.8%，扣除价格因素，实际增长 5.6%；农村居民人均可支配收入 14617 元，同比增长 8.8%，扣除价格因素，实际增长 6.6%。2018 年全年城镇新增就业 1361 万人，比上年多增 10 万人，连续 6 年保持在 1300 万人以上，完成全年目标的 123.7%。此外，2018 年中国城镇化率达到 59.58%。从城乡结构来看，2018 年我国城镇常住人口 83137 万人，比上年末增加 1790 万人；乡村常住人口 56401 万人，减少 1260 万人；城镇人口占总人口比重（城镇化率）为 59.58%，比上年末提高 1.06 个百分点。同时，随着供给侧结构性改革深入推进，工业利润持续快速增长。2018 年全国规模以上工业企业实现利润总额 66351.4 亿元，比上年增长 10.3%。在 41 个工业大类行业中，32 个行业利润总额比上年增加，9 个行业减少。2018 年，全国生态环境质量持续改善。338 个地级及以上城市空气质量平均优良天数比例为 79.3%，同比上升 1.3 个百分点；细颗粒物（PM2.5）浓度为 39 微克 / 立方米，同比下降 9.3%。京津冀及周边地区、长三角、汾渭平原 PM2.5 浓度同比分别下降 11.8%、10.2%、10.8%。全国地表水Ⅰ—Ⅲ类水质断面比例为 71.0%，同比上升 3.1 个百分点；近岸海域水质总体稳中向好。化学需氧量、氨氮、二氧化硫、氮氧化物排放量同比分别下降 3.1%、2.7%、6.7%、4.9%，单位国内生产总值能耗、二氧化碳排放同比分别下降 3.1%、4.0%。生态环境保护年度目标任务圆满完成。

综上所述，随着供给侧结构性改革的成效显现，我国经济高质量发展的基础有利条件增多，经济发展延续着平稳向好的态势。供给侧结构性改革的逐步深化，进一步激发了市场主体活力、增强了经济内生动力、释放了消费需求潜力，推动经济保持中高速增长，产业迈向中高端水平。但同时我们也要看到，经济运行稳中有变、变中有忧，外部环境复杂严峻，经济面临下行压力。这些问题是前进中的问题，既有短期的也有长期的，既有周期性的也有结构性的。要增强忧患意识，抓住主要矛盾，有针对性地加以解决。当前我国经济发展的内生动力仍然不足，经济下行压力加大，自主创新能力不够，投资消费需求疲软，中小微企业运行困难，资本市场有待完善。2019 年是新中国成立70 周年，是全面建成小康社会关键之年，做好经济工作至关重要。要坚持推动高质量发展，必须坚持以供给侧结构性改革为主线不动摇。

三、深化供给侧结构性改革的未来政策取向

尽管当前经济面临下行压力，经济运行稳中有变、变中有忧，外部环境复杂严峻，但我们必须坚持以供给侧结构性改革为主线不动摇，通过供给侧结构性改革增强经济发展后劲，推动经济高质量发展。对此，中央经济工作会议根据形势变化需要，采取了更加有针对性、更加有实效性的推进供给侧结构性改革的政策措施，提出在"巩固、增强、提升、畅通"八个字上下功夫。这八个字是在总结供给侧结构性改革取得阶段性成效的基础上，根据新形势新认识，从调整存量、增强活力、提升增量、畅通循环四大方面提出的深入推进供给侧结构性改革的重点和方向。此外，更多采取改革的办法，更多运用市场化、法治化手段，多策并举，综合施策，将有助于深入推进供给侧结构性改革。

（一）巩固"三去一降一补"成果

要推动更多产能过剩行业加快产能出清步伐，降低全社会各类营商成本，加大基础设施等领域补短板力度。第一，要在巩固 2015 年以来取得的各项成果的基础上继续化解过剩产能，加快无效供给的出清和低端产能的减少。去产能，一要坚持多种措施并重、按照企业实际情况分类应对，对于经营状况良好的企业推动其转型升级，提高其技术水平，提升其供给能力；二要综合运用市场化法治化手段，在政策的协调配合下，发挥好政府引导作用，引导企业加快过剩产能出清、淘汰落后产能，探索建立有效的市场出清机制。不仅仅以总量上去产能为目标，更要以市场需求为导向，优化产能结构，优化产业间的要素配置，提高产能利用效率。同时在完善的法制体制保障下，提供公平安心的市场环境，保障企业在市场中正规有序地交易和运营；三要处置好产能出清和人员安置的问题，解决推动更多产能过剩行业加快出清，使处置启动难、实施难、人员安置难等问题集中凸显，去产能必须安置好职工，中央财政专项奖补资金要及时拨付，地方和企业要落实相关资金与措施，确保分流职工就业有出路、生活有保障。第二，降低全社会各类营商成本。近年来，成本升高大幅减少企业利润，已经成为我国制造业转型升级和创新发展的严重障碍。很多企业在成本不断增加的条件下勉强维持经营，转型升级更是难上加难。因此，要想方设法降低全社会营商成本，让广大企业卸下包袱、轻装上阵。一方面，要重点推进大规模减税降费，切实降低企业税费负担；着力解决企业融资难融资贵问题，降低企业融资成本；大力优化营商环境，降低企业市场交易成本和制度性交易成本。加大"放管服"改革力度，大幅降低企业非税负担，进一步清理规范行政事业性收费，调低部分政府性基金征收标准；另一方面，要建立统一大市场，完善资本市场。进行结构性去杠杆，加快资本流动速度，降低企业融资成本和制度性交易成本。第三，加大基础设施等领域补短板力度。重点是补齐农村基础设施和公共服务设施建设短板，加强人工智能、工业互联网、物联网等新型基础设施建设，加大城际交通、物流、市政基础设施的投资力度等。加大脱贫攻坚、农业农村、水利、生态环保、社会民生、能源、交通基础设施等领域补短板投资力度。依法完善 PPP 等方式撬动社会资本投入补短板重大项目。

（二）增强微观主体活力，发挥企业和企业家的主观能动性

建立公平开放透明的市场规则和法治化营商环境，促进正向激励和优胜劣汰，发展更多优质企业。要发挥企业和企业家的主观能动性，激发微观主体活力，最重要的前提就是要建立公平开放透明的市场规则和法治化营商环境。唯有公开透明的市场环境和严密规范的法治环境才能充分发挥市场的资源配置作用，唯有破除所有制歧视而导致的市场准入、获得要素等方面的歧视性做法，构建起以公平竞争、优胜劣汰为导向的正向激励机制，才能将更多的企业置于公平开放的市场环境中，促进其发展自身的能动力，培养出具有竞争力的优质企业。因此，第一，要发挥市

场配置资源的决定性作用，更多的运用市场化和法治化的手段，对不同所有制企业一视同仁，严格执行环保、质量、安全等法规标准，提供稳定、公平、透明和可预期的政策环境，减少政府对资源配置的干预，充分发挥市场对要素配置的决定性作用。第二，要坚持问题导向，针对很多民营企业和小微企业在发展过程中受到不公平待遇，对反映强烈和反映普遍的突出问题进行整改，制定和完善相关政策，促进正向激励和优胜劣汰，增强企业对未来发展的信心，稳定预期。第三，建立统一开放、公平公正、竞争有序的市场体系和秩序。通过放宽准入限制、提高政务效率、降低企业成本、优化企业服务，强化企业主体地位，吸引外资和各类高端资源要素集聚，为企业发展提供更加包容、开放的市场环境，激发市场活力。

（三）提升产业链水平，培育和发展新的产业集群

注重利用技术创新和规模效应形成新的竞争优势，我国的产业链正处于从低端转向高端的发展阶段，运用新技术、新业态、新模式，大力改造提升传统产业，加强新兴产业迫在眉睫。当前要在保持并巩固我国产业链完整优势的基础上，加强自主创新，攻克核心技术难题，提升我国价值链水平，振兴实体经济。第一，加强自主创新，大力支持国内企业加大技术研发投入，加强基础前沿和高新技术研究，强化原始创新，降低对外依赖度，提升中高端产品供给数量与质量，加大对创业创新的政策倾斜，增加财政和金融的资金支持力度。第二，加大科研经费的投入，

加强对人才的培养力度，进一步降低市场准入门槛，减轻经营成本负担，畅通投融资渠道，降低科技创新成本。第三，推动中国企业和外企的合资合作，加强市场有序有效的开发力度，一方面，在与外企的交流合作中吸收学习先进技术和管理经验，推动中国企业自身的优化；另一方面，在竞争中开发企业的潜力，促使企业创新能力提升，提高企业的竞争力。第四，进一步促进科技成果的高水平、大规模创造与有效转化应用，提高科技进步贡献率，形成规模效应。在着力振兴实体经济的大背景下，依托现有产业集群和国家级开发区，聚焦集群内产业关联度低、制造业与服务业融合不够等瓶颈问题，努力提高集群内制造业与服务业的相互协同和配套服务水平，打造一批制造业和服务业融合的平台载体，使集群成为集成制造与服务功能的产业链集合，不断提升全产业价值链的竞争力。

（四）畅通国民经济循环，加快建设统一开放、竞争有序的现代市场体系

提高金融体系服务实体经济能力，形成国内市场和生产主体、经济增长和就业扩大、金融和实体经济良性循环。当前经济运行中存在一些"中梗阻"，具体表现为市场供需相脱节，劳动力供给和产业需求相脱节以及金融与实体经济发展相脱节等问题。因此，要畅通经济循环，就必须去除这些"中梗阻"，实现商品和要素的自由流动，提升其配置效率。第一，以消费需求为导向调整优化产业结构，提高有效供给的质量，促进供给侧更好

地满足需求，以供给调节供需失衡的状态。第二，挖掘三大产业特别是服务业的吸纳就业的潜力，改善就业市场信息不对称的问题，衔接好人力资源和产业就业需求，完善人才和岗位的对接机制，避免失业率高和空缺岗位并存的现象，从而提高就业率。第三，金融和实体经济循环不畅，部分金融机构在"自娱自乐"过程中导致资金"脱实向虚"的问题凸显，金融和实体经济失衡的现象尚未得到根本性扭转。要正确把握金融本质，深化金融供给侧结构性改革，将更多资源引导到有发展前景、竞争力和高效率的实体经济领域。以金融体系结构调整优化为重点，优化融资结构和金融机构体系、市场体系、产品体系，为实体经济发展提供更高质量、更有效率的金融服务。构建多层次、广覆盖、有差异的银行体系，端正发展理念，坚持以市场需求为导向，积极开发个性化、差异化、定制化金融产品，增加中小金融机构数量和业务比重，改进小微企业和"三农"金融服务。建设一个规范、透明、开放、有活力、有韧性的资本市场，完善资本市场基础性制度。

（郭威：中央党校（国家行政学院）经济学部教授）

第 三 章
强化宏观政策逆周期调节

  2018 年 12 月召开的中央经济工作会议指出我国"经济运行稳中有变、变中有忧，外部环境复杂严峻，经济面临下行压力"。可以看到，中央认识到我国经济当前面临的内部转型与外部不确定性带来的双重压力，这是在改革开放四十多年后遇到的新问题，面临的新环境。面对新形势，中央再次强调"六稳"，即稳就业、稳金融、稳外贸、稳外资、稳投资、稳预期，这既是对 2018 年 7 月底召开的中央政治局会议部署的延续，也明确了我国下一步经济工作的重点。当然，形势的严峻并不意味着前途的黯淡，这次会议强调"我国发展拥有足够的韧性、巨大的潜力，经济长期向好的态势不会改变。要全面正确把握宏观政策、结构性政策、社会政策取向，确保经济运行在合理区间"。保持经济持续健康发展，需要实施有效的宏观经济政策。对此，中央经济工作会议指出"宏观政策要强化逆周期调节，继续实施积极的财政政策和稳健的货币政策，适时预调微调，稳定总需求"。宏观经济政策重在逆周期调节，重在稳住需求端，稳住消费、投资和出口"三驾马车"，这就需要财政政策和货币政策共同发力。尤其是积极的财政政策要更加积极，做到"加力提效"，推动更大规模减税、更明显降费，有效缓解企业融资难融资贵问题。货币政策要坚持稳健的总基调，不搞"大水漫灌"，力争做到松紧适度。在 2019 年 3 月召开的全国"两会"上，总理的政府工作报告提出了宏观政策逆周期调节的一些具体举措，普惠性减税与结构性减税并举，将制造业等行业的增值税率由 16% 降至 13%，并降低企业社保缴费负担，以此降低中小企业负担。

一、改革开放四十多年来我国宏观调控的实践

党的十一届三中全会之后，以我国经济运行和经济体制为基础，中央进行了多轮宏观调控，极大降低了宏观经济波动带来的负面影响，实现了经济平稳快速增长。我国经济取得举世瞩目的成就离不开政府宏观调控发挥的积极作用。梳理这些宏观调控的背景和措施，对于我国当前推动宏观政策逆周期调节有重要意义。

（一）党的十一届三中全会至十四大期间的宏观调控

党的十一届三中全会以后，全党的工作重心转移到社会主义现代化建设上来，全国各地建设热情高涨，经济增长率达到 11.7%，导致宏观经济出现过热的现象；商品供不应求，投资品价格飞速上涨，导致通货膨胀问题严重；基建投资过快增长导致

财政出现巨额赤字，大规模进口和引进国外技术设备使外贸出现严重不平衡。1978 年中央提出，应当坚决按照经济规律办事，基本思路是"计划经济为主、市场调节为辅"。1979 年，中央提出"调整、改革、整顿、提高"八字方针，进行改革开放以来第一次宏观调控。1980 年国家计委采用行政手段压缩财政和信贷，降低各项计划指标，减少基建项目，控制物价上涨。这些宏观调控措施抑制了总需求的过快上涨，遏制了通货膨胀，使国民经济从过快增长转为稳定增长。

党的十二大提出我国要在 20 世纪末实现工农业年总产值较 1981 年"翻两番"的目标。为了完成该目标，各地"大干快上"：1984 年经济增长率达到 15.2%，供不应求现象非常严重，国民经济出现失调；投资信贷双膨胀，货币供给迅速增加，通货膨胀率高达 8.8%。1985 年开始，我国实行了财政政策与货币政策的"双紧"调控。一方面，中央银行加强了对信贷规模的管控；另一方面，政府以行政手段控制基建规模。在此宏观调控之下，经济过热现象很快得到抑制，通货膨胀率快速下降。1988 年 5 月，中央决定用 5 年的时间实现价格"闯关"，这使得物价指数迅速上涨，同比增长达 18.5%，价格上涨预期又导致抢购风潮，通货膨胀严重，出现改革开放以来第三个物价上涨高峰。究其原因，主要还是因为存在总供给小于总需求的缺口，有明显的短缺经济的特征。1989 年，中央提出"治理经济环境，整顿经济秩序"，开始了改革开放后的第三次宏观调控，严格项目审批，压缩投资规模，对重要生产资料实行最高限价；中央银行严格管控信贷规模，并提高存款准备金率和利率；增加有效供给，增强经济发展后劲，采取如此强硬的宏观调控政策的目的就是抑制总需求，这些政策发挥了较好的作用，迅速抑制了经济过快增长和通货膨胀现象。

（二）党的十四大至十六大期间的宏观调控

1992 年到 1993 年上半年经济出现了"四热四高四紧一乱"：即房地产热、开发区热、集资热和股票热；高投资膨胀、高工业增长、高货币发行和信贷投放、高物价上涨；交通运输紧张、能源紧张、重要原材料紧张和资金紧张；经济秩序特别是金融秩序混乱。通货膨胀呈加速之势，1993 年的通货膨胀率是 13.2%，1994 年的通货膨胀率是 21.7%，是改革开放以来物价上涨的第四个高峰。中央从 1993 年开始进行宏观调控，采取"适度从紧"的货币政策和财政政策。中央银行运用利率、存款准备金率、公开市场业务等货币政策工具进行调控。财政部门将财政赤字控制在预算之内，发行国库券减少货币供给。国家计委严控新开工项目，抑制过快增长的投资需求和消费需求。到 1996 年，国民经济成功实现了软着陆，呈现出高增长、低通胀的良好势头。

1997 年，亚洲金融危机爆发。在这一背景下，人民币面临贬值压力，但我国政府作为一个负责任的政府，宣布人民币不贬值，虽然这一措施削弱了我国产品在出口市场上的竞争力，但很好地起到了稳定国际金融市场和东南亚国家信心的作用。在多重因素影响下，我国经济增速下降趋势明显，经济增长下行压力较

大。面对经济形势新变化，我国政府及时采取了积极的财政政策
和稳健的货币政策，想方设法扩大内需。一方面，实施积极的财
政政策，增加政府支出，发行国债，促进投资，尤其是加大投入
完善制约我国经济发展同时有利于改善民生的基础设施；另一方
面，实施稳健的货币政策，降低利率水平，运用公开市场操作调
节货币供给。经过这一轮的宏观调控，我国的经济发展又开始稳
步回升，国民经济进入快速稳定增长期。

（三）党的十六大至十八大期间的宏观调控

2003 年以来，我国经济运行出现了固定资产投资过猛、货
币信贷投放过多、主要工业产品供求紧张等问题。2004 年，我
国政府加强和完善宏观调控，调控领域包括金融、物价以及具体
的开发区、房地产等领域。此次宏观调控是"未雨绸缪"，采取
的防患于未然的调控与前几次针对经济增长率和通货膨胀率的收
缩型宏观调控不同，是在经济增长率尚在适度范围内、价格攀升
趋势刚有苗头时就开始调控，而且调控的政策较为稳健，货币政
策是"稳中从紧"，积极的财政政策也逐步趋向稳健。通过适当
的"控速降温"，使经济运行保持在合理的运行区间内，实现了
平稳可持续发展。

2008 年，国际金融危机全面爆发。面对此次来势汹汹的国
际金融危机，为有效防止我国经济增速过快下滑和出现大的波
动，中央在准确判断形势的前提下，对宏观经济政策做出重大调
整：把稳健的财政政策调整为积极的财政政策，把从紧的货币政

策调整为适度宽松的货币政策，其他宏观经济政策也相应调整。这次宏观调控的目的既要促进经济增长，又要推动结构调整；既要拉动当前经济增长，又要增强长期发展后劲；既要有效扩大投资，又要积极扩大消费。这次宏观调控是在国际国内经济形势相当严峻的背景下进行的，因此宏观调控出手既快又果断，可谓是争分夺秒。在财政政策方面，一是加大投资力度和优化投资结构。在民生工程建设方面，加大对廉租房投资建设的支持力度；在重大基础设施项目建设方面，推进京沪高速铁路等一批客运专线建设。二是着力扩大消费需求特别是居民消费需求。进一步提高农民收入，中央财政继续较大幅度提高农资综合直补、良种补贴、农机具补贴等标准，并提高城市和农村低保标准，努力减少居民扩大消费的后顾之忧。三是促进房地产市场平稳健康发展。在货币政策方面，一是保持银行体系流动性充足，促进货币信贷稳定增长，创造适度宽松的货币信贷环境。二是向政策性银行追加 2008 年度贷款规模，鼓励商业银行发放中央投资项目配套贷款。三是出台有关信贷政策支持居民购买首套自住房和改善型自住房。这些措施对缓解经济运行中的突出矛盾、增强信心、稳定预期、保持经济平稳较快发展，发挥了至关重要的作用。

（四）党的十八大以来的宏观调控

2012 年，在经济持续下行的压力面前，调控政策反而变得稳妥、审慎。在财政政策方面，大幅减少了对项目的直接投资，取而代之的是结构性减税，精确锁定关键领域和重点环节，对症下药地使用"喷灌""滴灌"等措施。由于"营改增"的不断拓展，国内受益的区域和企业越来越多，刺激了企业的投资，改善了企业生存环境。货币政策方面，央行坚持预调、微调的手段，扩大了执行差别化存款准备金率政策覆盖范围。2013 年开始，央行开始使用公开市场短期流动性调节工具（SLO）以及常备借贷便利（SLF）工具，以补充公开市场常规操作的需要，并且主动使用定向降准、定向再贷款、非对称降息等举措，持续提高对经济发展中薄弱环节的支持力度。总结本轮宏观调控的特点，主要是更多使用"定向"和"精准"的政策，不论是财政政策还是货币政策，都在结构调整上力争做到"有的放矢"。

　　在中国经济进入新常态的背景下，原有的宏观调控必然存在诸多不相适应之处。对此，中央提出要创新宏观调控思路和方式，稳定和完善宏观经济政策，保持宏观政策的连续性和稳定性，坚持区间调控，更加注重预调微调和定向调控，更加注重引导市场行为和社会心理预期，考虑市场行为主体特点，增强政策透明度和可预期性，提高宏观调控的科学性和艺术性。主动调控的结果是使我国经济增速有所趋缓，为了从根本上解决我国经济长远发展问题，必须坚定推动结构改革，宁可将增长速度降下来一些。只要经济增速处在合理区间和预期目标内，就不要再为速度而纠结，而要下大力气加快转方式、调结构、促改革、惠民生，下大决心推动经济转型升级。在这个过程中，关键就是要让市场在资源配置中起决定性作用，更好发挥政府作用。凡是市场和企业能决定的，都要交给市场；政府要主动做好政府该做的事，要有所为有所不为。保持一定经济增速，主要是为了稳就业。只要经济运行处于合理区间，宏观经济政策就要保持基本稳定，要避免强刺激政策给经济发展带来的副作用。上述思路为新常态下的宏观调控提供了目标和方向，也取得了积极的调控效果。

二、宏观政策逆周期调节的理论基础

改革开放四十多年来我国宏观调控的实践迫切需要进行理论总结，新常态背景下我国宏观调控的发展更需要理论的指引。中国特色宏观调控作为社会主义市场经济理论的一项重要内容，既继承和发展了马克思主义政治经济学的基本观点，又吸收和借鉴了西方经济学中的合理成分，而且也随着我国经济实践的发展不断丰富和完善。

（一）基于马克思主义政治经济学的视角

在马克思主义政治经济学中，由于历史的制约和研究重点的局限，没有提出宏观调控的概念，马克思也没有建立独立的宏观调控理论。但这绝不意味着马克思的经济理论中没有宏观调控的思想。马克思关于商品、货币、市场、信用、社会资本再生产等矛盾的系列分析，客观上为宏观调控提供了一个从基础理论角度展开的科学解释。尤其是在马克思的社会再生产理论中，创立了社会总需求与社会总供给平衡的理论：第一部类所供给的全部生产资料必须同第二部类所需求的生产资料总量相一致；第二部类供给的全部消费资料必须同两大部类所需求的消费资料总量相一致；两大部类所供给的生产资料和消费资料要和两大部类需求的生产资料和消费资料相一致。总而言之，社会总供给与总需求必须平衡。同时，在马克思的经济危机理论中，马克思对资本主义经济的剖析是从商品这一"细胞"开始的，只要存在商品货币关系，只要存在信用，就有可能出现生产过剩，使总供给大于总需求。由此可见，生产过剩与总供求失衡并不是资本主义经济特有的范畴，而是商品经济的范畴。因此，可以认为，马克思最早对商品经济总供求失衡，特别是作为常态的总需求小于总供给的矛盾作了科学的分析，为实行宏观调控政策提供了理论基础。

（二）基于凯恩斯主义经济学的视角

在古典经济学时期，经济学家就特别关注对经济增长的分析。斯密认为促进经济增长有两种途径：一是增加生产性劳动的数量，二是提高劳动的效率。19世纪后期，以"边际分析"为特征的新古典经济学兴起，标志着西方经济学进入了一个新的成长阶段，包括马歇尔对规模收益递增的分析以及熊彼特对创新的分析。现代经济增长理论源于凯恩斯的"有效需求"革命。与新古典学派从供给角度分析不同，凯恩斯重视从需求角度进行分析。凯恩斯写作《就业、利息和货币通论》的目的是提高国民收入，使它达到充分就业的状态，以便解释资本主义的失业问题和生产过剩的经济危机。凯恩斯认为，国民收入由消费和投资两个部分组成，因此国民收入的高低就取决于消费和投资这两个组成部分的高低。如何提高消费和投资这两个部分呢？凯恩斯的建议就是使用货币政策和财政政策来弥补私人投资的不足，以便使总投资量等于充分就业条件下的储蓄，从而解决资本主义的危机和萧条问题。就业量是预期消费和预期投资的函数，在消费倾向不变的前提下，就业量只能伴随着投资量的增加而增加。当然，投资的目的是为了形成消费，消费是一切经济活动的唯一目标和对象。就业是由有效需求所决定的，总需求来源于当前的消费量和未来的消费量。而在拉动需求方面，财政政策和货币政策都能够发挥重要的作用。

（三）基于政府与市场关系的视角

西方经济学界普遍认为政府干预的主要作用是弥补市场失灵。斯蒂格利茨以复杂的数学模型证明，当市场不完备、信息不对称、竞争不充分时，市场机制不会自己达到帕累托最优。为了弥补市场失灵，政府对经济的干预不应仅仅局限于制定规则、收入再分配和提供公共物品，而应在各个经济部门和领域发挥作用，这就为政府干预提供了广阔的潜在空间。斯蒂格利茨还认为，由于政府的强制性职能，很多时候它的效率不但不比市场差，甚至能做许多市场无法完成的事情。在弥补市场失灵的过程中，政府能够发挥再分配职能，提高资源配置效率。当然，政府在干预经济的过程中也存在"失灵"，即"公共失灵"。斯蒂格利茨认为"公共失灵"包括政府部门存在的不完全信息、政府的寻租活动、当前政府带给未来政府有效合同的局限性、激励机制的缺失以及缺乏竞争等。总结我国改革开放四十多年的成功经验，其中重要的一条就是我国充分地发挥了政府和市场的合力。党的十八届三中全会的一个重要突破，就是强调市场在资源配置中要起决定性作用和更好发挥政府作用。这不仅仅表明党对市场机制的认识前进了一大步，更重要的是为市场在社会主义市场经济体制下应该发挥的作用给予了准确的定位，这既是对国内外长期历史经验的精辟总结，更是指明了深化改革的方向和目标。市场决定资源配置是市场经济的一般规律，我国经济体制改革总体上是遵循这一规律不断深化的。

在新的历史条件下，更要处理好市场"无形的手"与政府"有形的手"的关系。一是发挥市场在资源配置中的决定性作用，并不意味着政府可以在经济运行中"缺位"，更不是否定或弱化政府的作用，而是强调要更好地发挥政府的作用。政府应强化规范市场秩序和市场监管，加大社会管理和服务，为市场经济发展保驾护航。二是政府要更好地发挥作用，并不意味着需要这只"有形之手"成为一只"闲不住的手"，更不意味着"这只手"在经济运行中能够"越位"。政府要提高宏观管理效率，必须深化行政体制改革、进一步转变政府职能，在需要发挥作用的地方更好地履职；真正做到简政放权，需要增强政府依法全面履职的能力，改正急于出手、乱出手的毛病；政府对经济的宏观调控，要避免过度干预市场、以行政手段取代市场行为，进一步放权给市场，让"市场的归市场"，积极提升市场的效率。三是要不断强化市场和政府"两只手"间的协调和配合。市场和政府在经济运行中是相辅相成的关系，要辩证地认识这种关系，尤其是两者之间的互补关系。在厘清市场与政府的边界、定位好各自角色的同时，要更加注重两者的协调配合。

三、宏观政策逆周期调节是稳定总需求的"关键一招"

中央对经济工作确定了稳中求进的工作总基调，"稳"的重点就是稳住经济运行，防止经济增长速度滑出底线，确保实现经济增长、物价稳定、充分就业、国际收支平衡的目标，守住金融领域不发生系统性风险。"进"的重点就是通过深化经济体制改革调整经济结构。我国经济发展处于增长速度换挡期、结构调整阵痛期、前期刺激政策消化期"三期叠加"的现状，决定了我国既要保持宏观经济政策的连续和稳定，又要创新宏观调控的思路和方式，有针对性地解决突出矛盾和问题。

（一）协调好积极财政政策与补短板的关系

供给侧结构性改革有五大任务，即去产能、去库存、去杠杆、降成本和补短板，这五大任务中存在一个目标与工具的关系："补短板"是供给侧结构性改革的目标，"去产能、去库存、去杠杆、降成本"都是供给侧结构性改革的工具。确定目标非常重要，因为目标是抓手。有了补短板这个目标，就能够更好地指导去产能、去库存、去杠杆和降成本等工具的使用，也有利于发挥宏观政策逆周期调节的作用。就我国当前经济发展的短板来看，一方面，基础设施仍然是短板。我国东部地区的基础设施在不断完善，高铁也已四通八达。但是，在广大中西部地区，基础设施依旧落后，基础教育无论是硬件还是软件都与东部地区存在较大差距，基本医疗设施极不健全。2020 年，我国要实现现行标准下的贫困人口全部脱贫，全面建成小康社会，需要补齐基础设施这个短板。另一方面，民生工程的短板尚未得到根本性解决。实现"居者有其屋"是我国大力推进保障房建设的最主要目标，但现在保障房的供需缺口依旧非常大。不论是城镇化建设中的棚户区改造还是农村地区的危房改造，以及移民搬迁工程，都是我国民生领域亟须补齐的短板。除此之外，城市的轨道交通是短板，地下管廊是短板，"三农"问题是短板，医疗保障是短板，等等。这些短板，就是供给侧结构性改革所要解决的问题；补齐这些短板，就为宏观政策的逆周期调节创造了机会。

目前我国产能过剩的行业主要集中在建筑行业，如钢筋水泥、平板玻璃、电解铝等。这些建筑行业产能过剩的原因很清楚：当经济增长率从 10% 左右降到 7% 左右的时候，必然有 30% 的过剩产能会出来。由此可见，过剩产能有多少取决于我们下一步的投资是多少。如果投资多了，过剩产能就少了；如果投资少了，过剩产能就多了。这里的投资，不是为了将经济增长速度保持在 10% 以上而进行的投资，而是为了实现补短板目标的投资。加大对弱势群体、弱势地区和弱势行业的投资，本身就是在补短板，而这个补短板的过程就是在发挥宏观政策逆周期调节的作用，它能够在一定程度上化解过剩产能。同时，以补短板为目标的投资不会挤压消费，相反会提高家庭收入和消费水平。只要投资以补短板为目标，那么这种投资就是有效的投资。有效的投资会创造价值，还会提高劳动生产力水平，增加就业，进而实现家庭收入的增长，最终实现增加消费的目标。反过来讲，如果没有这种补短板的投资，那么创造的就业机会就会减少，消费者对未来的就业和收入预期就会降低，而且劳动生产力的水平提高比较慢，最终影响消费的增长。因此，不能简单地认为投资会挤占消费，必须要动态来看以补短板为目标的投资增长对现在和未来的就业及收入增长的影响。

（二）稳健货币政策的目标是保持流动性合理充裕

根据传统的古典经济学理论，货币供应量的增减只会引起价格水平的同比例波动，与经济产出没有关联，对经济增长不产生实质性影响，即货币政策相当于是在实体经济上盖的一层"面纱"，这就是货币中性理论。凯恩斯主义从总供给和总需求的角度进行研究，认为货币"面纱论"并不成立，货币政策可以通过利率传导给总供给和总需求，还认为逆周期的"相机抉择"的货币政策能够平抑经济的周期性波动。以弗里德曼为代表的货币主义学派认为，短期来看货币政策是有效的，但长期来看货币政策是中性的，因此建议各国中央银行不应采取"相机抉择"的货币政策，相反应保持货币供应的规律性增长。我们认为，货币政策是保障我国经济长期平稳健康发展的国之重器，既要发挥其在支持实体经济发展中的重要作用，又不能对其过于依赖。首先，货币政策是短期的需求管理政策。货币政策的主要作用是平抑经济运行中的需求波动，不能改变经济的长期增长趋势。当实际增长率低于潜在增长率时，货币政策能够发挥一定的作用；但就提高潜在经济增长率本身来看，其变化是有规律的，货币政策无能为力。其次，货币政策是总量性政策，结构性作用有限。货币政策在总量上应稳健，防止因货币供应过多产生过度加杠杆和通货膨胀风险；发挥结构性作用时应采取"精准滴灌"的手段，过多采用也会产生总量效应。

流动性管理是中央银行货币政策调控的核心组成部分，货币政策操作的主要目的是"削峰填谷"，维护银行体系流动性的基本稳定。衡量银行体系流动性松紧适度的标准是资金供求大体平衡、货币市场利率基本稳定。顺应货币政策从数量型调控框架向价格型调控框架的转变，维护流动性基本稳定既是公开市场操作的主要任务，也是提高货币政策操作前瞻性、科学性和有效性的基础条件。由于外汇流入流出、存款准备金的交存、市场预期变化以及其他临时性因素等，货币政策有时以"填谷"为目的进行不断投放，有时又以"削峰"为目的进行持续回笼，这些都是正常的操作安排。保持流动性合理充裕就是要创造一个适宜的货币环境，在将通货膨胀率控制在一个合理水平的前提下，既要适度调节总需求，又要维护金融稳定，防止产生过度加杠杆和资产价格急剧上涨的风险，协调好经济增长、物价稳定、风险可控等多重目标之间的关系。现实中实现此目标并不容易，货币政策往往存在着"由紧入松易，由松入紧难"的规律，宽松的货币政策更容易实施，而一旦收紧就会出现较大阻力。这需要货币政策制定者和执行者准确判断经济形势，果断决策，及时出手。

（三）供给侧结构性改革为宏观政策逆周期调节创造了条件

需求侧和供给侧是管理和调控宏观经济的两个基本手段。需求侧管理主要解决的是短期性、周期性的总量问题，供给侧管理主要解决的是长期性的结构问题。需求侧管理运用的主要手段包括财政政策和货币政策，通过调节税收、财政支出、货币信贷来刺激或抑制需求，进而推动经济增长。供给侧管理主要通过优化要素配置和调整生产结构来提高供给体系质量和效率，进而推动经济增长。供给和需求是既对立又统一的辩证关系，二者相互依存、互为条件。需求侧管理和供给侧管理不是非此即彼、一去一存的替代关系，而是要相互配合、协调推进。纵观世界经济发展史，一国经济政策是以供给侧为重点还是以需求侧为重点，要根据宏观经济形势作出抉择。推进供给侧结构性改革，是中央综合研判世界经济发展趋势和我国经济发展进入新常态作出的重大决策，是我国当前和今后相当长一段时间内经济工作的主线，而供给侧结构性改革的最终目的就是满足需求。供给侧结构性改革就是要深入研究市场变化，理解现实需求和潜在需求，在解放和发展社会生产力中更好满足人民群众对美好生活的需要。因此，推进供给侧结构性改革作为我国经济发展进入新常态后的战略选择，应当成为推动我国经济高质量发展的主攻方向。而且推进供给侧结构性改革本身就是在扩大内需，尤其是从长期来看，如果供给侧的主要矛盾不解决，那么任何基于需求管理的短期政策都将失效，只有从供给侧出发，才能建立起持续扩大内需的长效机制。

四、更好发挥宏观政策逆周期调节作用的具体措施

在具体的政策安排上，2019 年是连续第九年采用"积极的财政政策 + 稳健的货币政策"的政策组合，但财政政策的力度和重点较 2017 年底的中央经济工作会议有了较大变化，力度上要"加力提效"，重点由调整优化财政支出结构转向实施更大规模的减税降费；货币政策更加注重疏通货币政策传导机制，让更多的资金流入民营企业、小微企业等。

（一）实施更大规模的减税降费

通过与其他国家的比较，我国企业面临着综合税费成本过高的问题。综合税费成本包括税收、社会保险费用、灰色隐性寻

租成本和各种制度性交易成本。此外还包括高昂的土地、物流和电力成本等。我国企业综合税费成本过高的原因在于政府与市场边界不清晰，政府干预过多，规模较大，导致支出规模巨大，只能通过较高的税收加以解决。同时，社保欠账也依赖于税收征缴。因此，我国需要大力推动减税政策，降低社保费率，以国有资本充实社保，增加企业利润和居民收入，以此提升投资能力和消费水平。

近年来，我国持续实施大规模的减税降费政策，目的就是要用政府的"减法"换取企业效益的"加法"和市场活力的"乘法"。2018 年，下调了制造业、交通运输行业增值税税率，扩大了享受税收优惠政策的小微企业的范围，有效降低了企业负担。2019 年，我国将实施更大规模的减税降费，尤其是针对中小微企业的减税政策。2019 年的《政府工作报告》中宣布"制造业等行业现行 16% 的税率降至 13%，将交通运输业、建筑业等行业现行 10% 的税率降至 9%，确保主要行业税负明显降低"。全国 95% 的企业被认定为小微企业，其中 98% 是民营企业，享受税收优惠政策，提高税收起征点。从减税降费未来的改革方向来看，一是要进一步降低增值税税率，税制从间接税向直接税转型；二是在个人所得税方面，要区分不同的收入类型，避免"劳动重税、资本轻税"；三是在国资充实社保之后，更大力度降低社保费率，包括养老保险和医疗保险；四是通过行政体制改革，降低制度性交易成本。

（二）保持地方政府合理的债务规模

地方政府债券增加了地方政府的可用财力，很大程度上解决了扩大国内需求过程中地方政府财力紧张的问题，缓解了地方财政提供配套资金相对困难的困境。我国当前迫在眉睫的一个问题就是遏制经济增速的进一步下滑，保持经济运行在合理区间。要稳定经济增长，基建投资增速应显著反弹，政府债务规模应当扩大，但我国当前地方政府杠杆率依然处在高位，限制了地方政府依靠扩大债务规模拉动投资的空间。导致地方政府债务规模扩大和风险积累的原因是多方面的，从财政体制上看，地方政府财权和事权不匹配；从政府的作用上看，地方政府在推动经济发展过程中发挥了重要作用；从政府行为及债务管理视角看，以国内生产总值为主要指标的考核机制导致地方政府官员只顾追求政绩而不重视对债务规模的约束。对此，一方面，需要中央财政发力，因为中央政府的债务率尚处在较低的水平；另一方面，要较大幅度增加地方政府专项债券规模。地方政府债务最大的风险来源于隐性负债，通过更大规模的专项债券置换隐性负债，能够实现地方政府债务的"阳光化"，有利于防范地方政府债务风险，同时也为地方政府实施积极的财政政策提供了空间。

（三）疏通价格型货币政策传导机制

货币政策传导机制是否畅通，直接决定着货币政策的有效性。长期以来，我国一直坚持数量型货币政策传导机制，该调控框架发挥了良好的促进经济发展的作用。但随着我国市场机制的不断完善和金融体系的不断发展，数量型货币政策操作目标与中间目标、最终目标之间的相关性在不断减弱，且数量型目标的可控性也在减弱，数量型货币政策调控框架的不足不断显现。要保持货币政策调控的有效性，就要让市场在金融资源的配置中起决定性作用，让价格成为调节供需的自动稳定器。具体来看，货币政策操作目标要逐步转变为货币市场短期利率，让货币政策操作目标去影响中间目标，进而影响最终目标。在中央银行的调控路径上，应进一步探索利率走廊调控机制，以市场化的间接调控手段而非行政手段来调控货币市场短期利率，影响信贷市场的定价，最终推动货币政策调控框架从以数量型为主向以价格型为主转型。疏通价格型货币政策传导机制，需要中央银行灵活运用各类数量、价格型货币政策工具，尤其是要根据不同阶段流动性形势和金融市场发展情况，优化操作工具组合，合理安排工具品种、规模和期限结构，不断提高货币政策的前瞻性和准确性。

（四）适度创新发展结构性货币政策工具

发展结构性货币政策工具的目的是引导资金流向实体经济，尤其是中小企业或者是某些重点行业。结构性货币政策诞生的背景是受"流动性陷阱"的约束，总量型货币政策操作空间不足，无法打通货币政策传导渠道，削弱了货币政策效果。如果只采取总量型货币政策，房地产行业等部门将占据较多的金融资源，资金难以传导至中小微企业和民营企业。结构性货币政策通过定向支持，向金融市场注入大量流动性，提高金融机构资金可得性和放贷意愿，加大对经济发展中的重点领域和薄弱环节的金融支持。结构性货币政策工具主要是定向再融资工具，刺激银行体系向特定领域提供较为低廉的贷款。目前，人民银行同时使用多种结构性货币政策工具：一是通过定向降准，建立促进信贷结构优化的正向激励，鼓励和引导金融机构加大对中小微企业和"三农"的支持力度；二是通过支农再贷款、扶贫再贷款和支小再贷款，支持"三农"、扶贫、小微企业等国民经济薄弱环节发展；三是适度发挥再贴现促进结构调整、引导资金流向的作用，明确再贴现重点用于支持扩大"三农"和中小微企业融资；四是中央银行以质押方式向金融机构提供贷款，用于支持国民经济重点领域、薄弱环节和社会事业发展。应该看到，货币政策主要还是总量政策。结构性货币政策是"不得已而为之"，其效果如何有待于进一步研究。

（五）完善货币政策的资本市场传导机制

中央银行作为整个金融体系的核心，能够通过利率、存款准备金率以及公开市场操作等货币政策工具影响资本市场。一方面，利率影响着资本市场中资金的使用成本和机会成本，进而影响整个市场的资金总量和流动性。同时，利率的变动还会影响投资者的决策和信心，这会直接反映在股票价格和其他资产价格中。另一方面，当提高存款准备金率或公开市场采取回购操作时，广义的货币供应量就会减少，资本市场的资金流同样会减少，证券市场供过于求，证券价格就会降低；当降低存款准备金率或公开市场操作采取逆回购时则相反。一个庞大的货币市场和一个现代化的资本市场的有效衔接是货币政策高效传导的必要条件。尤其是在当前经济下行压力较大的背景下，要想发挥好货币政策的逆周期调节作用，就必须建立多层次的资本市场体系，提高直接融资比重。当前，我国资本市场体量偏小，基础性制度尚未完善，投资者结构严重不合理，无法有效发挥资本市场有效配置金融资源的作用。对此，一是推动注册制改革和退市制度改革。上市与退市是一进一出的关系，处理好二者关系，既能实现以市场手段配置金融资源的目标，又能保证上市公司的质量。二是引导更多的中长期资金进入资本市场。中长期资金包括国家主权基金和养老保险基金等，这些资金会成为机构投资者的主要资金来源。三是积极发展公募基金和私募基金。尤其是私募基金，既是一级市场上市前股权投资力量，又是二级市场推动企业兼并收购的主要力量。四是严格规范大股东套现。资本市场不是一个"圈钱"的场所，大股东的高位套现会直接影响股市的稳定，必须有严格的限制。总之，一个基础性制度完善的资本市场才能够真正发挥"牵一发而动全身的作用"。

（高惺惟：中央党校（国家行政学院）经济学部副教授）

第 四 章

加快经济体制改革

改革成为发展不竭之动力，是改革开放四十多年来形成的一条可观察的重要经验，经济体制改革尤为如此。当世界面临百年未有之变局、我国宏观经济面临下行压力时，逆周期调节措施可以在一定程度上熨平经济周期性波动，但经济可持续、高质量发展的根本动力仍植根于经济体制改革。唯有加快经济体制改革，才能进一步释放各种要素和资源潜力，提高全要素生产率和潜在经济增长率。2018 年年底召开的中央经济工作会议，确定了 2019 年经济工作七项重点工作任务，加快经济体制改革是其一。2019 年的《政府工作报告》则聚焦突出矛盾和关键环节，力图推动相关改革深化，健全与高质量发展相适应的体制机制，把市场活力和社会创造力充分释放出来。加快经济体制改革，是当务之急，也是关键之策。我国经济体制改革遵循什么核心逻辑，新时期经济体制改革应抓住哪些重点，为什么改、改什么、怎么改，当前加快经济体制改革需要从哪些领域入手、做哪些具体工作，这一系列问题构成了本文思考的逻辑起点。

一、经济体制改革的核心逻辑与政策趋势

改革开放以来，尤其是建立社会主义市场经济体制以来，如何处理好政府和市场的关系就自然成为经济体制改革的中心议题。

（一）经济体制改革的核心逻辑

历史地看，从计划经济到商品经济，从商品经济到市场经济，从替代市场到引导市场，从压制市场到放活市场，从封闭市场到开放市场，我们对政府和市场关系的认识不断在突破中革新。最近一次关于政府和市场关系的思想解放和认识突破，源于党的十八届三中全会作出的理论创新。这次重要的会议进一步明确，经济体制改革依然是全面深化改革的重点，核心问题是处理好政府和市场的关系。从那时起，如何让市场在资源配置中起决定性作用，更好发挥政府作用，成为新时期深化经济体制改革的焦点。

事实上，所有围绕着经济体制改革的举措和行动，不管是政府简政放权，还是激发市场活力，都离不开如何处理政府和市场关系这个根本问题。当然，不同的历史时期，经济体制改革的重心和逻辑并不相同。从经济体制改革的基本思路和路径来看，我国从高度集中的计划体系中建立了一套微观主体可独立决策、市场统一开放的新市场制度和新交易体系。在经济体制改革中逐步形成了两个比较重要的改革思路：一种思路是"放"，不仅释放各

种权利给市场中的主体，市场准入本身也不断开放，门槛一步步
降低；第二个思路是"调"，通过调节市场体系运转的基础机制尤
其是价格机制这一核心，形成由市场价格引导资源配置的基本模
式。为避免市场可能带来的失灵，还通过建立宏观调控体系进行
调整和弥补。因此，改革开放以来，我国的经济体制改革大致是
沿着"培育市场主体——促进市场开放——要素市场发育——价
格机制并轨——宏观调控体制"这条路径建立起来的。确定建立
社会主义市场经济体制之后，我们又对基本的市场竞争格局进行
规范、对央地财权事权关系进行调整、对公平营商环境进行重塑，
不过整体上的改革思路仍然是在这些重要的领域进一步深化。

（二）近几年经济体制改革的政策趋势

回顾这几年的经济体制改革，同样在市场主体培育、市场
开放、要素和资源市场化、宏观调控等方面，作出了系统性和结
构性的制度调整。

1. 市场主体迅速成长和发育

随着减税降费、商事制度改革、优化企业注册流程等工作的
推进，市场主体迅速成长和发育。2018 年是商事制度改革实施的
第五年，全国已经拥有多达 1.06 亿户市场主体，日均新设企业
1.84 万户，而在这项制度改革前，日均新设企业只有 0.69 万户。[①]

---

① 数据来源：中国政府网，参见 http://www.gov.cn/xinwen/2018-12/23/con-
tent_5351316.htm。

2. 市场准入限制不断降低

从 2015 年国务院印发《关于实行市场准入负面清单制度的意见》开展先行先试，到 2016 年在天津、上海、福建、广东等多地开展试点工作，再到 2017 年试点范围扩大到 15 个省市，市场准入限制不断降低。2018 年 12 月 25 日，国家发展改革委、商务部发布《市场准入负面清单（2018 年版）》，标志着我国全面实施市场准入负面清单制度，负面清单以外的行业、领域、业务，各类市场主体皆可依法平等进入。这是党中央为加快完善社会主义市场经济体制作出的重大决策部署，也是一项重大制度创新。"准入前国民待遇 + 负面清单制度"也成为外商直接投资的基础性制度规范。

3. 重点领域资源性产品价格改革

在要素市场和价格机制领域，推进了成品油、天然气、电力、水资源等重点领域资源性产品价格改革。至此，竞争性领域和环节价格基本放开，政府定价范围主要限定在重要公用事业、公益性服务、网络型自然垄断环节。根据《中共中央国务院关于推进价格机制改革的若干意见》，到 2020 年，市场决定价格机制基本完善，科学、规范、透明的价格监管制度和反垄断执法体系基本建立，价格调控机制基本健全。

4. 在宏观调控方面，越来越注重宏观调控的精准性

比如货币政策更加注重改善融资结构，政策指向提高直接

融资比重。结构性政策更加注重市场公平，确立了竞争政策的基础性地位。社会政策更加强化就业优先和群众基本生活保障。

二、新时期经济体制改革的两个重点

时至今日，经济体制改革并非在各领域齐头并进，依然存在着许多亟待解决的薄弱环节，党的十九大报告对如何补齐这些市场发育薄弱环节的短板作了系列重要部署。十九大报告重申加快完善社会主义市场经济体制，同时指出了今后一段时期经济体制改革的工作重点："经济体制改革必须以完善产权制度和要素市场化配置为重点"[①]。准确把握和理解这个重要论述，是读懂十九大报告之后经济体制改革思路和逻辑的大前提。2018 年 3 月的《政府工作报告》中提出"完善产权制度和要素市场化配置机制"；2018 年全年，政治局召开的 4 次经济形势分析会议在涉及经济体制改革讨论时，各项政策也重点聚焦在这两个领域。2019 年 3 月的《政府工作报告》中提出"保护产权必须坚定不移，对侵权行为要依法惩处，对错案冤案要有错必纠"，同时，"继续推动商品和要素流动型开放"。

---

① 习近平：《决胜全面建成小康社会 夺取新时代中国特色社会主义伟大胜利——在中国共产党第十九次全国代表大会上的报告》，《人民日报》2017 年 10 月 28 日。

（一）完善产权制度

1. 经济体制改革史也是产权制度演变史

可以说，我国经济体制改革从"大包干"开始，就层层深入到了经济学意义上的产权制度领域。确立了家庭联产承包责任制之后，所有权与承包权分离的思路才为大家熟悉。最初关于产权的理解，主要也是如何使不同的权利分离，所有权以及衍生出的经营权、承包权、转让权等，都是经济体制改革中确立产权制度体系的产物。

如果说农村领域的承包制改革，是我国开始认识产权体系的启蒙，那么，20 世纪 90 年代的国有企业改革，便是公众对产权制度认识上的一次跃升。政府和社会各界普遍认识到，要想搞活国有企业，必须从产权制度入手、从所有制入手，改革说到底是产权改革！现在的国有企业改革更是离不开产权制度的调整。新一轮国企改革中，利用混合所有制改革的契机，中央企业在产权层面已与社会资本实现了较大范围的混合。数据显示，截至 2017 年年底，国务院国资委监管的中央企业及各级子企业中，混合所有制户数占比达到 69%，省级国有企业混合所有制户数占比达到 56%。2017 年年底，中央企业所有者权益总额达 17.62 万亿元，其中引入社会资本形成的少数股东权益 5.87 万亿元，占比达 33%。[①] 所有权的混合背后，实际上也是一系列权利的重

---

① 温源、姚亚奇：《让不同所有制经济活力竞相迸发》，《光明日报》2018 年 12 月 29 日第 3 版。

新调整和再界定。

2. 完善保障产权是产权制度有效的基础

产权不同于所有权，包含着一系列复杂的权利安排，界定着人与人之间在市场中的行为边界。产权的清晰界定是市场运行的前提，但产权的稳定性决定着市场效率。中央将完善产权制度安排作为经济体制改革的重点之一，不仅仅是要强调进一步清晰界定之前模糊的产权安排，也突出强调合法产权的稳定性和"非法不能被剥夺"之权威。

产权的完整性和清晰界定，是完善产权制度的前提。完善产权制度意味着要形成包括所有权及其派生的使用权、承包权、经营权、收益权等在内的权能完整的产权制度，这是实现产权有效激励的前提。许多领域中，市场主体所拥有的产权存在残缺，要么是界定不清晰，要么是权能不完善。比如，在农村基本经营制度基础上，清晰界定各类土地的产权及其权能，允许市场对这些财产权利进行"出价"，由市场主体竞争性地评估资源价值，才能真正让农村的资源变成资产。农村承包地"三权"分置制度，就是把原来的经营权从那个模糊的承包权中进一步分离出来，让农民在不失去承包权的基础上推进经营权的流转。当下正在推进的农村集体产权制度改革，就是以确权和赋权为主要政策工具的体制性变革。

保障产权蕴含的权利安排，有助于产权有效激励。清晰界定的产权是否能够得到法律保障，直接影响市场主体对未来的预期。对市场中的企业来说，合法财产权和公平经营权至关重要。党的十八届三中全会提出，"公有制经济财产权不可侵犯，非公有制经济财产权同样不可侵犯"。① 党的十八届四中全会提出，要"健全以公平为核心原则的产权保护制度，加强对各种所有制经济组织和自然人财产权的保护，清理有违公平的法律法规条款"。② 在 2018 年 11 月 1 日召开的民营企业座谈会上，习近平总书记还特别强调了这两个方面。各地在保护公平竞争方面，已经开展了实质性行动。按照 2017 年 12 月出台的《2017—2018年清理现行排除限制竞争政策措施的工作方案》，各地全面清理了有违平等保护各种所有制经济主体财产所有权、使用权、经营权、收益权等各类产权的规定，全面清理了不当限制企业生产经营、企业和居民不动产交易等民事主体财产权利行使的规定，全面清理了在市场准入、生产要素使用、财税金融投资价格等政策方面区别性、歧视性对待不同所有制经济主体的规定，不断完善产权保护制度、优化营商环境。

这些有助于稳定和保护产权的政策，创造了一个更加有竞争力的营商环境。世界银行发布的《2019 年营商环境报告》显示，中国企业的全球排名从上期的第 78 位跃升至第 46 位，已经

---

① 参见 2013 年 11 月 12 日中国共产党第十八届中央委员会第三次全体会议通过的《中共中央关于全面深化改革若干重大问题的决定》，新华社北京 2013 年 11 月 15 日电。

② 参见 2014 年 10 月 24 日中国共产党第十八届中央委员会第四次全体会议通过的《中共中央关于全面推进依法治国若干重大问题的决定》，新华社北京 2014 年 10 月 28 日电。

进入全球经济体排名前50。① 其中，"保护少数投资者"分项排名，已由2016年的第134位上升至第64位。

（二）要素市场化配置

从市场体系中价格的重要作用来看，形成一个准确的要素市场价格，对于经济结构转型和可持续发展至关重要。

1.价格形成机制是要素市场化的核心

在市场体系下，价格可以传递信息。价格把生产者至最终消费者各个加工、生产、销售等环节连接起来，将市场供求波动信息传递给各决策主体。价格若不是市场自发形成的，就无法真实反映资源的稀缺状况，进而就会传递错误的资源稀缺信息给各利益主体。以经济结构转型升级为例，产业层面的升级在微观企业就表现在要素投入选择升级，而要素价格是企业投入决策的基础。当土地和资源价格被人为扭曲而低于它们的真实市场价格，多使用土地和资源就是企业的理性选择。如果要素之价由市场形成，企业得到的信息激励也不会被扭曲。因此，经济结构转型问题需要一个正确的价格体系来引导，才能更有效率、更低成本地推进。政府定价的困境就在于难以正确衡量和反映资源的稀缺性，会在一定程度上扭曲价格信号，中央为此也对政府定价行为施加了更多约束："政府定价范围主要限定在重要公用事业、公益

---

① 参见世界银行：《2019年营商环境报告：强化培训，促进改革》，2018年11月。

性服务、网络型自然垄断环节，提高透明度，接受社会监督。"①

在市场体系下，要素价格还会为生产提供信息。价格波动信息传递后，相关市场决策主体就会按照供求状况调整生产，一方面调整总产量，做出扩大或缩减生产规模的决定；另一方面调整生产方式，采取先进生产技术、优化企业组织方式。要素价格的调整，也应当按照市场规律，才能产生正确的激励。除此之外，在市场体系下，要素价格也决定了实际的收入分配。价格引导资源流向，同时也会按照要素的市场贡献分配利益，要素之价也就决定了初次收入分配的基本格局。

2. 要素价格形成机制已有系统性调整

我国商品市场建设已经相对成熟，价格形成机制的改革就聚焦在重要的资源品和要素市场上。2015 年 10 月 15 日发布的《中共中央国务院关于推进价格机制改革的若干意见》，是指导我国今后价格改革的纲领性文件。主要思路是竞争性领域和环节价格基本放开，限定政府定价范围，逐步完善市场决定价格机制，等等。这几年要素市场化改革的步伐不断加快，在成品油、天然气、电力、水资源等重点领域都推进了市场导向的价格改革。②

首先，在重要的资源品——煤与电的价格形成机制上，出现

---

① 参见 2013 年 11 月 12 日中国共产党第十八届中央委员会第三次全体会议通过的《中共中央关于全面深化改革若干重大问题的决定》，新华社北京 2013 年 11 月 15 日电。

② 实际上，2012 年的《政府工作报告》就已经提出，在全国范围实施原油、天然气资源税从价计征改革，出台营业税改征增值税试点方案。

了系统性的价格改革。建立健全了清洁能源发电价格机制、完善了煤电价格联动机制、推动了竞争性环节价格市场化改革。早在2011年，我国就出台了煤炭电力价格综合调控方案和实行居民阶梯电价指导意见。2015年3月15日，中共中央国务院发布了《关于进一步深化电力体制改革的若干意见》，文件提出"现行电价管理仍以政府定价为主，电价调整往往滞后成本变化，难以及时并合理反映用电成本、市场供求状况、资源稀缺程度和环境保护支出"，仍然剑指价格改革，并提出了有序推进电价改革，理顺电价形成机制的具体意见。

用水付费，也已经成为基本规则。2013年1月7日，国家发展改革委会同财政部、水利部联合印发《关于水资源费征收标准有关问题的通知》，明确提出了水资源费征收标准的制定原则、分类和各地"十二五"末最低标准及调整时间表。在水资源定价方式上，2013年12月31日，国家发展改革委会同住建部印发的《关于加快建立完善城镇居民用水阶梯价格制度的指导意见》明确要求，2015年年底前，设市城市原则上要全面实行居民阶梯水价制度。这时，全国只有约30%的设市城市建立了阶梯水价制度，[1]而截至2016年年底，全国设市城市阶梯水价制度已基本建立。在农业用水价格机制形成上，2016年1月，国务院办公厅印发《关于推进农业水价综合改革的意见》，明确了改革的总体目标和工作任务，提出用10年左右时间，建立健全合

---

① 刘喆：《平稳深入推进居民阶梯水价实施——访住房城乡建设部城市建设司相关负责人》，《中国建设报》2014年1月14日。

理的农业水价形成机制。

成品油和天然气定价机制也更加完善。早在 2013 年，国家发展改革委员会就实施了新的成品油价格机制，成品油调价周期由 22 个工作日缩短至 10 个工作日，同时取消了挂靠国际市场油种平均价格波动 4% 的调价幅度限制。2016 年设置了油价调控上下限 ①。虽然成品油的市场化程度已经不断提升，但仍存在进一步调整的空间。天然气定价也更加市场化，2013 年 6 月底出台的天然气价格改革方案，建立了天然气与可替代能源价格挂钩的动态调整机制，区分存量气和增量气，适当调整了非居民用天然气价格。2018 年 6 月开始理顺居民用气门站价格、完善价格机制。将居民用气由最高门站价格管理改为基准门站价格管理，价格水平与非居民用气基准门站价格水平相衔接。目前占消费总量 80% 以上的非居民用气价格，已经主要由市场主导形成。②

三、当前加快经济体制改革的政策体系

从国内外宏观政策环境来看，当前是确定性与不确定性并存的特殊时刻。确定性缘于中国的改革开放进程蹄疾步稳、全面

---

① 调控上限为每桶 130 美元，下限为每桶 40 美元。

② 熊丽：《天然气价格市场化改革迈出关键一步》，《经济日报》2018 年 5 月 26 日。

深化改革加速推进，中国经济和社会大局保持稳定；不确定性在于全球贸易保护主义甚嚣尘上、经贸规则破立并存，世界面临百年未有之大变局。在这样的背景下如何加快经济体制改革，2018年底召开的中央经济工作会议围绕着六个重点领域进行了全面部署。

（一）增强微观主体活力

有效的市场运行依赖有活力的微观主体。在 2017 年年底召开的中央经济工作会议上，中央就已经将"激发各类市场主体活力"作为八项重点工作任务之一。2018 年，中央致力于保护企业家人身和财产安全，依法甄别纠正了社会反映强烈的产权纠纷案件，为激发市场活力创造了良好的政策环境。2019 年 3 月，"激发市场主体活力，着力优化营商环境"又被确定为 2019 年政府工作的十大任务之一。①

发挥企业和企业家主观能动性，是增强微观活力的重要渠道。但是，民营企业家也普遍反映，对公平竞争威胁最大、最难以破除的因素主要有两类：一是集中于地方政府在实施选择性产业政策过程中制定的非普惠性优惠和补贴政策，尤其是针对部分产业和企业实施的优惠与补贴；二是部分国有垄断行业经营范围盲目扩张，将垄断地位延伸至竞争性领域，一定程度上限制和排除了竞争。

---

① 李克强：《政府工作报告》在第十三届全国人民代表大会第二次会议上，2019 年 3 月 5 日，《人民日报》2019 年 3 月 17 日。

因此，塑造公平竞争的市场环境，从制度上为增强微观主体活力提供保障，要求以公正监管促进公平竞争。一方面要改革完善公平竞争审查和公正监管制度，循序渐进，从存量优惠政策入手，聚焦当前各级政府制定的各类存量优惠政策，在全国范围启动公平竞争合规审查工作；另一方面要抓重点，以国有垄断行业为主，对依法必须垄断经营的国有企业，应明确和限制其主营业务范围，不宜私自扩张经营范围和权限。

不仅民营企业，国有企业也面临如何增强市场活力的问题，国有企业管理者的主观能动性发挥，也存在一系列的体制机制障碍。核心在于让国有企业管理者走向市场化的轨道，在决策权、用人权、分配权等方面赋予企业管理者应有的权限。对敢于担当的国有企业管理者，要有股权分红、薪酬分配等领域的机制设计，允许、鼓励先行先试，并为敢于担当的企业家担当。

（二）加快国资国企改革

不同于其他所有制企业，国有企业有一个特殊的国家股东，谁来代表国有资本发挥出资人职能，一定程度上决定了国企运行是否有效。2003年国资委成立后，"九龙治水"的情形已经大大减少，但面对瞬息万变的市场形势和非国有部门快速的市场反应，国有企业仍然因为政企不分、政资不分承担国家职能和社会责任等因素而"力不从心"。从国有企业效率提升角度看，加快国资国企改革，首先要坚持政企分开、政资分开和公平竞争原则，监管重点真正由管企业向管资产转变。

实现国有资产有效监管，必定沿着监管成本降低的方向和路径。国有资本投资公司和国有资本运营公司，便是降低国资监管制度成本的机制设计。这个机制设计最关键的是把国有企业从政府架构中尽可能解放出来，让其成长为真正的市场运行主体。在新的国资授权经营体制下，政府与国企到底是什么关系，2018年7月30日国务院印发的《关于推进国有资本投资、运营公司改革试点的实施意见》给出了较为详细的阐释。这份文件为加快国资国企改革提供了更加清晰的行动指南，解决了近期困扰国资国企改革的一些基础性理论问题。它首次明确了对国有资本投资和运营公司的政府直接授权模式，这意味着，在原来"政府——国资委——国资平台"三层监管之外，增加了两层监管体制。[①]按照要求，国有资本投资公司主要以服务国家战略、优化国有资本布局、提升产业竞争力为目标，因而投资时要以对战略性核心业务控股为主；国有资本运营公司则主要以提升国有资本运营效率、提高国有资本回报为目标，因而在操作上以财务性持股为主。

准确理解混合所有制改革到底改什么，才知道该怎么改。与其说引入外部资本，不如说关键在于引入一个市场化的运作机制。两个运转机制完全相同的资本混合，可能解决不了共同存

---

① 这次国务院直接授权的国有资本投资、运营公司试点，首先选择在财政部履行国有资产监管职责的中央企业以及中央党政机关和事业单位经营性国有资产集中统一监管改革范围内的企业稳步开展。

在的体制性困境。当前推进的混合所有制改革，市场化导向越来越清晰，引入的混合资本都与国有资本运营存在体制上的巨大差异。比如，中国联通混合所有制改革所引入的民营战略投资者中，腾讯投资 110 亿元，占 5.21%；百度投资 70 亿元，占 3.31%；阿里巴巴投资 43.3 亿元，占 2.05%；京东投资 50 亿元，占 2.36%；苏宁投资 40 亿元，占 1.88%；光启互联技术投资 40 亿元，占 1.88%；淮海方舟信息基金投资 40 亿元，占 1.88%；鑫泉基金投资 7 亿元，占 0.33%。混改后，联通集团持股比例由 62.7% 下降至 36.7%，10 家战略投资者合计持股比例约 35.2%，员工持股 2.7%，公众股东持股 25.4%，形成了多元化的股权结构。[①] 引入民营资本参与国资国企改革，将是一个重要的政策趋势。

把国有企业竞争性业务推向市场，同时将市场制度引入国有企业，是当前国资国企改革工作的重要任务。传统理论认为，自然垄断行业容许的规模经济足够大，大到市场上只允许一家企业生存。网运环节共同垄断的现象存在。但是，在自然垄断行业，仍然可以剥离出许多非自然垄断的环节，网运分开成为电力、油气、铁路等自然垄断行业引入市场化机制的政策导向。国有企业内部引入市场机制，表现在公司治理结构完善，职业经理人制度建设，市场化、法治化处置"僵尸企业"等领域。

---

① 　资料来源：《中国联通关于混合所有制改革有关情况的专项公告》，上海证券交易所，2017 年 8 月 16 日。

（三）支持民营企业发展

2018 年对民营企业来说是艰难发展的一年。民营企业在贸易保护主义下遭遇市场的冰山，融资难融资贵依然是民营企业融资的"高山"，创新能力不足的民营企业面临转型的"火山"。许多民营企业的生产经营活动不稳、民营企业家的合法财产遭到侵害，法治化制度环境亟待改善。中央经济工作会议特别强调，要"营造法治化制度环境，保护民营企业家人身安全和财产安全"。习近平总书记在民营企业座谈会上，就支持民营企业发展提出了六个方面的政策举措：减轻企业税费负担、解决民营企业融资难融资贵问题、营造公平竞争环境、完善政策执行方式、构建亲清新型政商关系、保护企业家人身和财产安全。这些政策举措，不仅为民营企业发展提供了"润滑剂"，也为民营企业家吃了"定心丸"。

防范化解金融风险是当前"三大攻坚战"之一，在这个过程中，有的金融机构对民营企业惜贷不敢贷甚至直接抽贷断贷，造成企业流动性困难甚至停业。针对这些现象，金融部门做出了一些制度性调整，如将金融机构的业绩考核与支持民营经济挂钩。货币政策实施尤其是降低存款准备金率过程中，有针对性地疏通货币流向民营企业的传导机制，实施差异化的信贷政策，目的在于纾解民营企业融资困境。

之所以要完善政策执行方式，主要在于民营企业制度性运行成本仍然较高。"营改增"是旨在降低企业税赋的一项重大制度安排，但是在实施过程中，没有充分考虑规范征管给一些要求抵扣的小微企业带来的税负增加；在完善社保缴费征收过程中，没有充分考虑征管机制变化过程中企业的适应程度和带来的预期紧缩效应。[①]

支持民营企业发展，还要稳定民营企业和民营企业家的合法权利。依法保护企业法定经营权、独立决策权以及企业家合法财产权，释放明确政策信号，稳定企业家尤其是民营企业家的经营预期和投资信心。现实中，部分地方政府简单粗暴、"一刀切"执行国家环保政策，出现了企业法定生产经营权、独立决策权、企业家合法财产权受到侵害的现象，一定程度上破坏了企业家的投资预期、打击了企业家的投资信心。经济数据已经映射了这些企业家们的忧虑：截至 2018 年 12 月民间固定资产投资由四年前高达 25% 的增速高位下滑至现在的 8.7%，国有及国有控股企业固定资产投资增速在经历最近一年半的快速"反弹期"后，如今迅速回落至 1.9%。[②] 稳定投资预期、稳定投资信心，对实现经济平稳和高质量增长至关重要。为此，对地方政府违规限制企业合法生产经营决策权、损害企业家合法财产权的行为要予以纠正，对重大非法侵权、侵财案件要"树立典型"，准确向市场释放依法保护企业生产经营权、自主决策权和合法财产权等各项产权权利的强烈信号。

---

① 参见习近平：《在民营企业座谈会上的讲话》，人民出版社 2018 年 11 月版。

② 数据来源：中华人民共和国国家统计局。

（四）深化金融体制改革

以服务实体经济为导向，改革优化金融体系结构。深化金融体制改革的重点，在于金融体系结构的调整优化，让金融真正服务于实体经济的方方面面。长期以来，金融机构提供的资金与市场上的资金需求不匹配。国有银行为主的金融结构所覆盖不到的资金需求，在原有的金融制度安排下本来已有相应的金融机构进行业务补充。但目前许多机构金融业务已严重同质，无法服务这些领域的资金需求，因而，发展民营银行和社区银行，推动城商行、农商行、农信社业务逐步回归本源，成为金融体系结构调整的重要工作部署。

多层次资本市场及其基础制度的构建，依然是金融体制改革的薄弱环节和发展短板。我国的信贷结构中，银行与非银行信贷比重约为 7∶3，这个结构非常容易让国有银行体系背负沉重的债务负担、让地方政府累积债务风险。这个结构对创新发展的支持也略显乏力，创新需要风险资金支持，但银行为主的信贷是不容许承受较大风险的，因为这部分资产主要来源于居民和政府部门的储蓄。而且，银行的信贷审批通常基于企业过去的业绩，如有无盈利、有无抵押品，但创新恰恰是面向未来，许多创新的想法本身也无法抵押。传统金融结构很难满足创新发展需要，创新的不确定性本质更呼唤风险资本入市，而多层次资本市场是风险资本入市的重要渠道和载体。因此，提高直接融资特别是股权融资比重，是当下深化金融体制改革需要补齐的"短板"。

健全金融监管体系，强化监管和服务能力，守住不发生系统性金融风险的底线，必须管好用好国有金融资本。2018 年 7 月，中共中央国务院发布《关于完善国有金融资本管理的指导意见》，首次明确对国有金融资本进行清晰界定，而且对国有金融资本的管理作出了细致规定。针对国有金融资本的薄弱环节，提出了一系列政策规定，是深化金融体制改革的重大突破。

（五）推进财税体制改革

1994 年，中央与地方开始分灶吃饭，实施分税制改革。自那时起，财权上移事权下移。这项改革立竿见影，中央政府与地方政府财政收入从 1993 年的 22：78，转为 1994 年的 55.7：44.3。但随后多年，中央政府与地方政府的财政支出占比大致稳定在 3：7，"财权上升、事权下降"成为一个普遍现象。2016 年地方财政支出占比更是高达 85%，中央政府支出不足 15%。地方财权变小、事权变大，早已是不争的事实。地方为弥补财政不足，在分税制改革后将目光转向国有土地出让这个带有中国特色的制度安排。数据显示：自 1999 年至 2016 年，全国土地出让总收入已经超过 31 万亿元，20 多年来土地出让收入涨了 100 倍。

不过，随着城乡之间建设用地价差不断变大，政府征地成本上升，潜在社会矛盾和各种冲突越来越多。加上近年地方财政约束尤其是地方债风险上升，如何重新调整中央和地方的财权事权，就成了推进财税体制改革的重点内容。为此，2016 年 8 月，国务院发布《关于推进中央与地方财政事权和支出责任划分改革的指导意见》（国发〔2016〕49 号），旨在为合理划分中央与地方财政事权和支出责任提供新的政策框架。2018 年国务院办公厅又先后发文，在基本公共服务领域[①]和医疗卫生领域[②]重新划分财政事权和支出责任。这些重要的制度安排，将成为未来乃至很长一段时期动态调整中央和地方财权事权关系的准绳。

缓解地方财政压力，还可以进一步开源节流，通过健全地方税体系和规范政府举债融资机制，为地方财政可持续增长提供制度基础，牢牢扎住防范化解地方债风险的制度笼子。

（六）切实转变政府职能

转变政府职能，需要更加突出制度基础和制度设计的重要性。短期内，具体的宏观政策调整的确有助于降低未来的不确定性。但从长期来看，更加成熟定型的制度才是稳定全社会预期、应对各种不确定性的关键之举。

在宏观政策领域，政府职能更加聚焦创造公平竞争的制度环境。结构性问题需要结构性政策已成为共识，分歧在于结构性

---

① 参见《国务院办公厅关于印发基本公共服务领域中央与地方共同财政事权和支出责任划分改革方案的通知》（国办发〔2018〕6 号），2018 年 1 月 27 日。

② 参见《国务院办公厅关于印发医疗卫生领域中央与地方财政事权和支出责任划分改革方案的通知》（国办发〔2018〕67 号），2018 年 7 月 19 日。

政策如何进行制度设计。在传统的宏观调控政策语境下，政府化解结构性问题的努力，在制度实施过程中往往演变成选择性而非普惠性的产业政策。通过有偏向性的产业政策诱导原本应由市场调节的资源配置，从事后来看通常并不是最优的政策选择，存在大量的资源错误配置和扭曲。结构性问题之所以屡调不顺，困境在于"选择性产业政策"在本质上是用一个不易明确判断是否合理的经济结构，替换另一个不合理的经济结构。

　　政府通过强化体制机制建设，对解决长期以来存在的结构性问题进行新的制度化设计。解决结构性问题的动力在哪里？重点在于坚持向改革要动力。解决结构性问题靠什么政策？从政府职能来看，强化竞争政策的基础性地位，创造公平竞争的制度环境，突出强调建立公平开放透明的市场规则和法治化营商环境，是关键所在。确立竞争政策的基础性地位，就是要从以产业政策为主的支持性政策体系转向以竞争政策为主的规范性政策体系。所谓竞争政策，是在公平竞争的规则和制度环境下，进一步约束政府行为而由市场力量来决定竞争胜负的制度化准则。经济结构是否合理，市场是更重要的参照坐标和评价体系。强化体制机制建设，尤其是确立竞争政策以调整经济结构，本质上是在更好发挥政府作用的同时，由市场发挥资源配置的决定性作用。

　　确立竞争政策在各项经济政策中的基础性地位，为激发市场主体创新的内生动力营造了更加公平的竞争环境。政府主导型的传统产业政策对于完善工业体系、承接国际分工、短时间实现

"赶超型"经济发展，起着不可替代的重要作用。但随着经济转向高质量发展阶段，产业政策的有效性已受到制约。近年来，选择性产业政策向竞争性产业政策转变已经有了清晰的制度设计。2016 年 6 月，国务院印发《关于在市场体系建设中建立公平竞争审查制度的意见》。2017 年 10 月，国家五部门联合印发《公平竞争审查制度实施细则（暂行）》。全国各级政府、各个部门在立法、政策制定中逐步建立了公平竞争审查制度，为强化竞争政策的基础性地位奠定了制度基础。

（杨振：中央党校（国家行政学院）经济学部副教授）

第 五 章

促进形成强大国内市场

"促进形成强大国内市场"是中央经济工作会议部署的 2019 年重点任务。为准确把握这一重点任务的工作着力点，形成相关长效机制，需要明晰"强大国内市场"的本质内涵及其政策方向。强大的国内市场之所以重要，不仅因为它是国际经济博弈的重要筹码，更为重要的是，它是经济良性发展和参与国际竞争的"国家特定优势"。强大的国内市场不仅能激励投资从而稳定经济增长，还可催化新技术与新产品的生成，从而推动经济高质量发展，这是本土企业国际竞争优势的根基与源泉。由此可见，促进形成强大国内市场的意义重大。

一、我国国内市场的发展现状与重要性

随着中国统一开放、竞争有序的现代市场体系逐步完善、强大的国内市场逐步形成，2019 年，消费将成为国民经济循环的主要驱动力。以消费升级引领供给创新、以供给提升创造消费

新增长点，从而使社会再生产的循环动力持续增强，实现更高水平的供需平衡，推动经济高质量发展，将成为消费基础性作用的重要体现。

（一）我国国内市场的发展现状

1. 我国市场规模位居世界前列

2018 年中国消费规模增量保持全球第一。中国拥有庞大的市场规模，居民收入水平不断提高，人民群众追求美好生活的愿望强烈，这些因素共同决定了中国消费规模持续扩大的趋势没有改变。随着中国居民消费结构不断升级，服务消费占比提升，主要反映商品和餐饮消费的社会消费品零售总额规模扩大与增速放缓趋势仍将并存。美国一直是全球第一消费大国，经过汇率转换计算，2018 年美国社会消费品零售总额为 39.92 万亿元，中国社会消费品零售总额为 38.1 万亿元。从图 5-1 可以看到，两国社会消费品零售总额正趋于接近，预计今年中国社会消费品零售总额将继续保持世界第二位，增速将略有放缓。即便如此，中国消费规模的增量和增速仍将保持全球第一位。[①]

---

① 关利欣：《消费成国民经济循环主要驱动力》，《国际商报》2019 年 3 月 22 日第 2 版。

单位：万亿元（人民币）

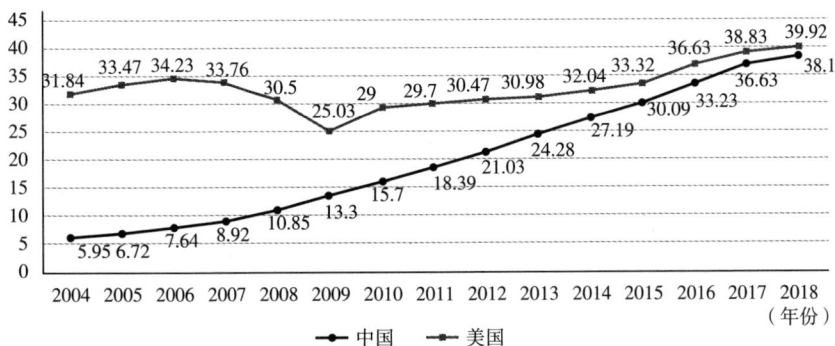

图 5-1　中美社会消费品零售总额比较 ①（2004—2018 年）

2. 进出口遭遇艰难环境

（1）贸易顺差不断增长

由图 5-2 可以得出，中国对外贸易发展面临着贸易顺差不断增大的问题，外贸出口额大致处于稳定上涨的趋势，但进出口却一直处于失衡状态。根据中国海关总署发布的数据，以人民币计价，中国 2018 年全年进出口总值达 305044 亿元，同比增长 9.7%。其中，出口 164152 亿元，增长 7.1%；进口 140892 亿元，增长 12.9%；贸易顺差 23260 亿元。因中国市场的广阔，吸引了大量外资企业来华投资，这使得一些贸易进口被外资企业的投资所替代，加之中国大部分企业都是以贸易出口为目标，国内需求不足，使得外贸顺差逐渐扩大。

---

① 数据来源：《中国统计年鉴》、《中国交通年鉴》。

单位：亿元（人民币）

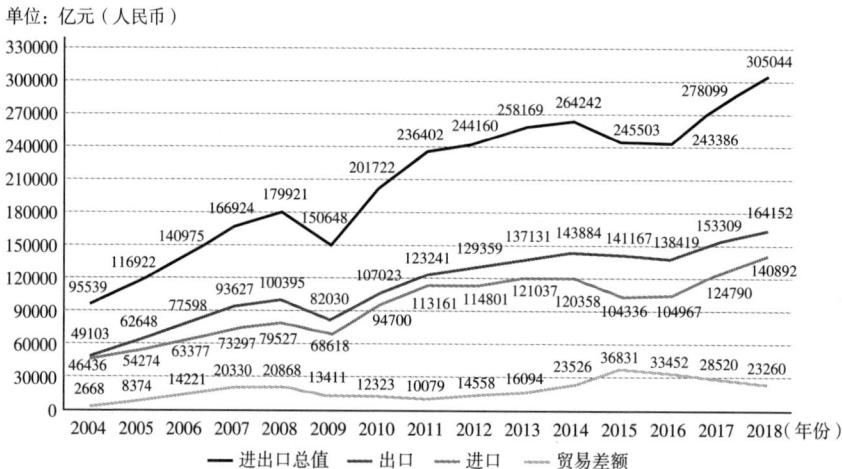

图 5-2　国内进出口贸易数据 [①]（2004—2018 年）

（2）对外贸易区域结构不合理

长期以来，中国对外贸易发展都存在很明显的区域差别，东部地区相比中西部地区来说对外贸易活动要活跃得多，发展速度更快，贸易活动持续涌入东部地区，这使得东部地区具备很大的贸易优势。当前，中国的出口地区大多数分布在东部地区，而后便是中部地区，最后为西部地区。不管是低技术附加值产品还是高技术附加值产品，都是东部地区占据优势，即便目前中国正逐渐将对外贸易向中西部地区转移，但转移的幅度及速度还有待提升。与此同时，因受到地区间长期发展失衡的影响和制约，使得中西部地区在承接转移能力上存在一定的欠缺，无法实现快速有效的转移。

---

① 数据来源：中华人民共和国海关总署。

（3）贸易摩擦持续增加

在中国经济不断快速发展和贸易规模不断扩张的局势下，中国和世界各国之间的竞争越来越激烈，伴随而来的贸易摩擦也与日俱增。最近几年，中国在对外贸易活动中遭遇的反倾销事件越来越多，这些事件随着中国出口规模的逐渐扩张慢慢变多。2017 年中国共遭遇 21 个国家（地区）发起贸易救济调查 75 起，涉案金额 110 亿美元。由图 5-3 可见，中国二十多年来一直是世界上遭遇反倾销调查最多的国家。

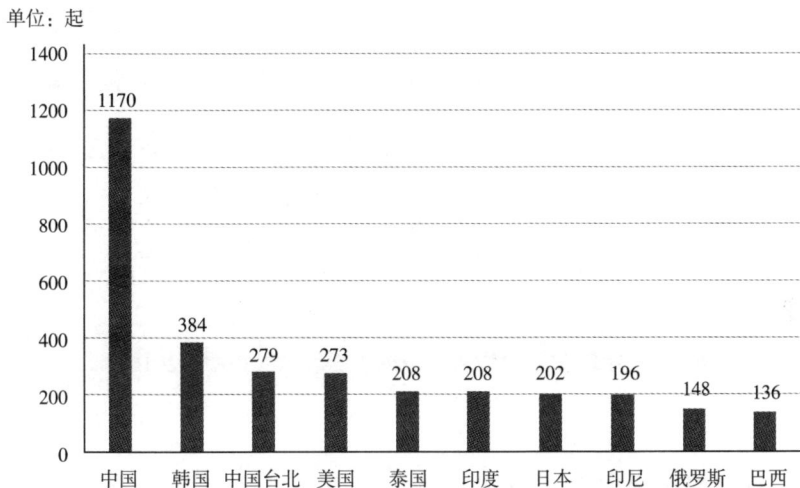

单位：起

图 5-3　遭受反倾销调查数量前十的地区（1995—2016 年）①

在就业压力不断增大的背景下，加之欧美经济面临疲软，中国将面临越来越严密的贸易壁垒，所受到的反倾销调查可能会越来越多。随着中国和全球经济的不断融合，所遭遇的贸易摩擦

---

① 数据来源：世界贸易组织和国家统计局。

很可能会进一步增加。① 由图 5-4 可见，中国反倾销调查数量呈上升趋势，2016 年达到 91 件。2018 年以来，美国以国家安全为名，对钢铁、铝产品和汽车及其零部件等多种进口产品加征关税，引发其他贸易伙伴采取反制措施，导致全球贸易摩擦升级，贸易环境严峻，贸易增速放缓，单边主义和保护主义抬头，为世界经济增长带来下行压力。

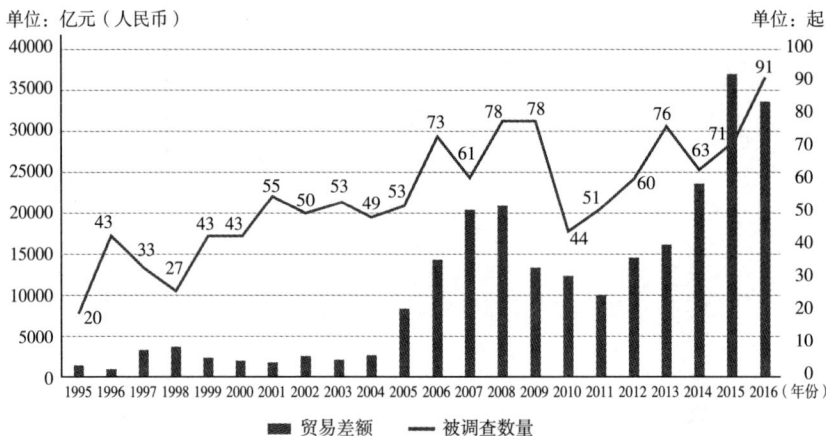

图 5-4　中国贸易差额和反倾销调查数量（1995—2016 年）

3. 消费对经济增长贡献加大

2018 年，在面临多年少见的国内外复杂严峻形势下，中国消费发展总体呈现以下特点：

一是消费对经济增长的贡献率进一步提升。人均国内生产总值突破 1 万美元，社会消费品零售总额达到 38 万亿元人民币，

---

①　王伟：《中国对外贸易的发展现状与趋势分析》，《时代金融》2018 年第 2 期，第 8—21 页。

全年最终消费支出对国内生产总值增长的贡献率为 76.2%。由图 5-5 可见，最终消费贡献率呈上升状态，消费连续 5 年成为拉动经济增长"三驾马车"中的首要动力。

单位：亿元（人民币）　　　　　　　　　　　　　　　　　　单位：%

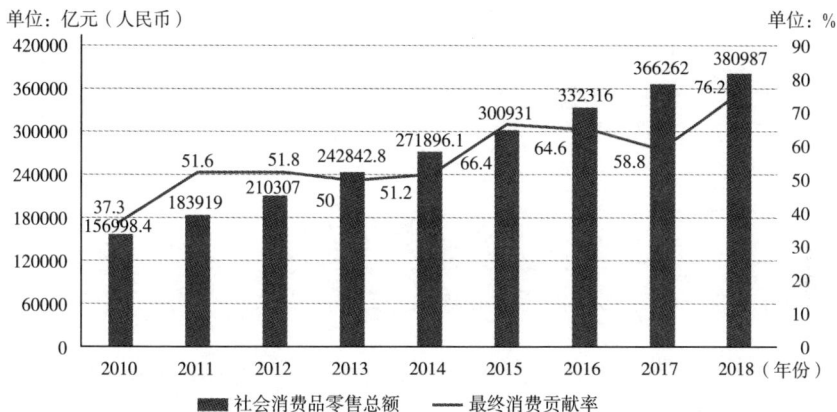

图 5-5　消费对中国经济增长的贡献 ①（2010—2018 年）

二是消费规模持续扩大的同时增速有所放缓。全年社会消费品零售总额达 38.1 万亿元，保持全球第二大消费市场地位。由图 5-6 可见，社会消费品零售总额增长率不断下降，2018 年社会消费品零售总额同比增速为 9.0%，11 年来首次低于 10%。

三是服务消费高速增长引领消费结构升级。由图 5-7 可得，全国居民恩格尔系数不断下降，2018 年降至 28.4%，比 2017 年下降 0.9 个百分点。由图 5-8 可见，医疗保健、居住、生活用品及服务消费支出不断上升，2018 年增速分别高达 16.1%、13.1% 和 9.1%。

四是城乡间、区域间消费差距进一步缩小。由图 5-9 可见，农

① 数据来源：《中国统计年鉴》和《中国交通年鉴》。

百分比

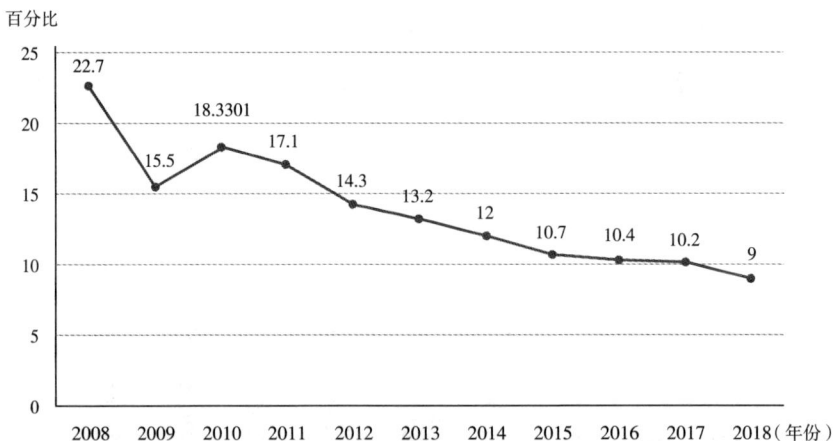

图 5-6　社会消费品零售总额增长率①（2008—2018 年）

百分比

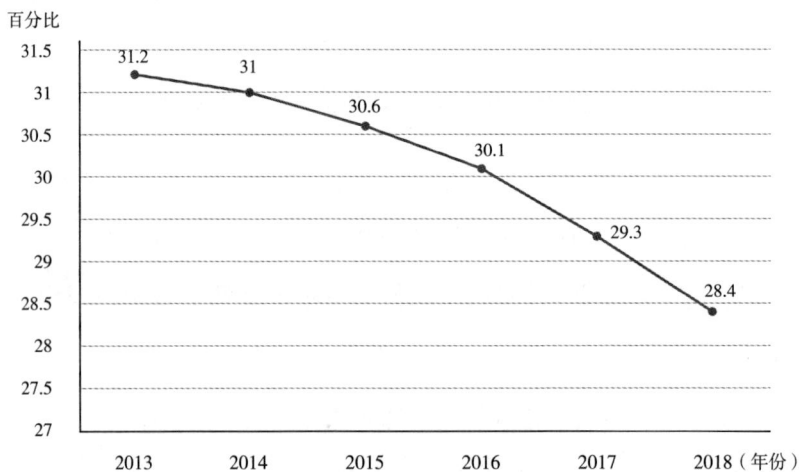

图 5-7　全国居民恩格尔系数②（2013—2018 年）

村居民人均消费支出同比增长 10.7%，比城镇居民高近 4 个百分点。

---

①　数据来源：《中国统计年鉴》和《中国交通年鉴》。

②　数据来源：《中国统计年鉴》。

单位：元

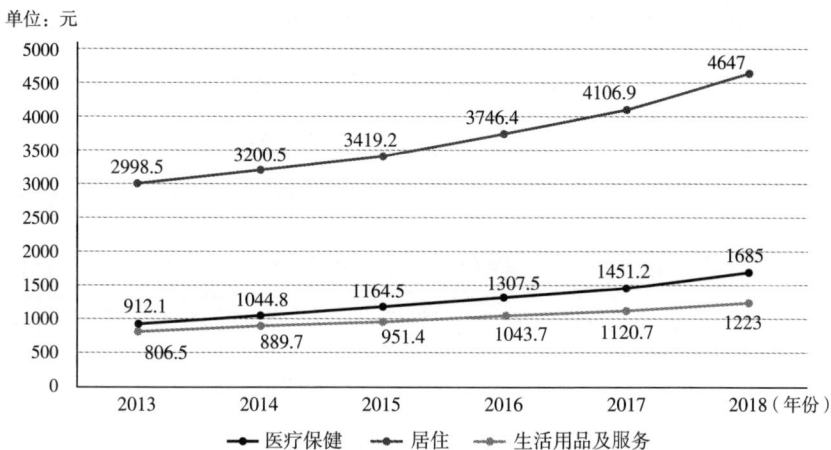

图 5-8　医疗保健、居住、生活用品及服务消费支出 ① （2013—2018 年）

单位：元

图 5-9　城乡居民人均消费支出 ② （2013—2018 年）

（二）强大国内市场为经济平稳运行提供有力支撑

中国经济发展已摆脱传统的动能，消费对我国经济发展的

---

① 数据来源：《中国统计年鉴》。

② 数据来源：《中国统计年鉴》。

基础性作用不断增强，成为我国经济增长的第一驱动力。随着供给侧结构性改革，我国经济逐步进入依靠新动能推动经济增长新阶段。消费对我国经济发展发挥着基础性作用，表明消费成为我国经济增长的第一驱动力。在此背景下，我国的消费升级主要包括信息消费、服务消费、绿色消费、时尚消费、品质消费和农村消费，旨在通过发挥新消费的引领作用，培育形成新供给的力量，不断满足人民日益增长的美好生活需要，为经济平稳运行提供有力支撑。随着内需成为拉动中国经济增长的主要力量，强有力国内市场的支撑的重要性日益凸显。①

今年，尽管面临的环境更加复杂和严峻，中国发展仍处于重要战略机遇期。人民群众追求美好生活的愿望、巨大的国内市场潜力和不断迸发的创新活力为消费发展和升级提供了强劲动力。首先，建设全面小康社会需要进一步增强消费能力。对标全面建成小康社会任务，中国将扎实推进脱贫攻坚和乡村振兴，实施更大规模的减税政策、就业优先政策、城乡居民增收措施等，加之个人所得税费用扣除和减免新标准的实施、消费扶贫政策的落实等，城乡居民的消费能力将得到有力提升。其次，形成强大国内市场激发消费潜力。庞大的人口规模和中等收入群体的崛起决定了中国拥有全球最具潜力的消费市场，随着《完善促进消费体制机制实施方案（2018—2020）》等促进形成强大国内市场的政策措施落实，制约居民消费的体制机制障碍将得到破除，制度

---

① 荆林波：《促进形成强大国内市场之我见》，《商业经济研究》2019 年第6 期。

创新带来的红利将激发消费潜力释放。再次，供给侧结构性改革推进扩大有效供给。供给侧结构性改革将围绕"巩固、增强、提升、畅通"深入推进，教育、育幼、养老、医疗、文化、旅游等服务业将加快发展，顺应消费需求新变化的优质产品和服务的有效供给水平将进一步得到提升，供给创新将更好地满足居民不断升级的消费需求。最后，技术创新催生消费增长新动能。制造业技术改造，5G 商用步伐加快，人工智能、工业互联网、物联网等新型基础设施建设加强将有力地促进新旧动能转换，并催生4K 电视、5G 手机、智能家居等消费新热点，技术创新将带动新一轮产业创新和消费增长。①

二、推动消费稳定增长

2019 年《政府工作报告》提出，推动消费稳定增长，多措并举促进城乡居民增收，增强消费能力。消费是最终需求，既是生产的最终目的和动力，也是人民对美好生活需要的直接体现。加快完善促进消费体制机制，增强消费对经济发展的基础性作用，有利于优化生产和消费等国民经济重大比例关系，构建符合我国长远战略利益的经济发展方式，促进经济平稳健康发展；有利于实现需求引领和供给侧结构性改革相互促进，带动经济转型

---

① 关利欣：《消费成国民经济循环主要驱动力》，《国际商报》2019 年 3 月 22 日第 2 版。

升级，推动高质量发展，建设现代化经济体系；有利于保障和改善民生，实现经济社会发展互促共进，更好满足人民日益增长的美好生活需要。①

（一）促进城乡居民增收：减免个人所得税

2019 年《政府工作报告》提出，落实好新修订的《个人所得税法》，使符合减税政策的约 8000 万纳税人应享尽享。自 2018 年 10 月 1 日起，我国修改后的个人所得税法部分减税措施进入实施阶段，个税起征点由 3500 元 / 月提高至 5000 元 / 月。很快，个税改革的第二波红包——《个人所得税专项附加扣除暂行办法》（以下简称《暂行办法》）于 2019 年 1 月 1 日正式实施。根据《暂行办法》，今后纳税人在计算个税应纳税所得额时，除了在 5000 元基本减除费用扣除和"三险一金"等专项扣除外，还可享受 6 项专项附加扣除：即子女教育、继续教育、大病医疗、住房贷款利息或住房租金，以及赡养老人。

子女教育方面，接受全日制学历教育的相关支出，按照每个子女每月 1000 元的标准定额扣除，年满 3 岁至小学入学前处于学前教育阶段也算；继续教育方面，纳税人接受学历或非学历继续教育的支出，在规定期间可按每年 3600 元或 4800 元定额扣除；大病医疗方面，在一个纳税年度内，扣除医保报销后个人负担累计超过 15000 元的部分，由纳税人在办理年度汇算清缴时，

---

① 《2019 两会热点解读：推动消费稳定增长》，http://gs.offcn.com/html/2019/03/102711.html。

在 80000 元限额内据实扣除；住房租金方面，纳税人本人及配偶在纳税人的主要工作城市没有住房，而在主要工作城市租赁住房发生的租金支出，可根据承租住房所在城市的不同，按每月 800 元到 1200 元定额扣除；赡养老人方面，独生子女赡养老人按照每月 2000 元的标准定额扣除，非独生子女每人分摊的额度不能超过每月 1000 元，可以由赡养人均摊或者约定分摊，也可以由被赡养人指定分摊。

对大多数人来说，在不发生大病医疗等非日常支出的情况下，可以同时享受的大致是 4 项：子女教育、继续教育、住房租金或房贷利息、赡养老人。对此，中国财政部、国家税务总局相关负责人表示，个人所得税专项附加扣除实施后，减掉的税收都将实实在在地进入老百姓的腰包，这对于提振市场信心、推动经济高质量发展将发挥积极作用。①

（二）消费需求的新变化：群众对优质产品和服务需求提升

近年来，我国居民消费呈现出持续提升的趋势，消费需求从注重量的扩张跃升为注重质的提升，从实物消费为主跃升为实物消费与服务消费并重，从排浪式消费跃升为个性化消费。2019 年《政府工作报告》提出，要顺应消费需求的新变化，多渠道增加优质产品和服务供给，加快破除民间资本进入的堵点。为此，

---

① 《减个税促消费个税改革仍有完善空间》，http://opinion.hexun.com/2019-03-19/196545311.html。

要进一步统筹产品和服务供给资源，形成国际化、品质化、专业化、常态化的供给体系。

1. 推动线上线下融合，大力提升消费体验

线上消费是趋势，线下消费是基础，线上线下的融合既是促进社会消费的自然选择，又是完善供给体系的必然选择。2019年《政府工作报告》提出，要"发展消费新业态新模式，促进线上线下消费融合发展"。因此，要以云计算、大数据、智能化、物联网、移动互联网等新兴技术赋能商品和服务供给，促进"线上＋线下"融合，优化服务流程、提升供给效率、强化质量控制，不断提升消费体验。一是要引导企业依靠大数据技术，通过智能化技术分析，精准锁定目标客户群，并对其需求进行精准的分析和评估，为其提供个性化、场景化、体验式的商品和服务，充分满足其消费需求；二是要依靠互联网和大数据技术，实现多层次、多维度、多元化的质量管理，强化商品和服务的质量控制，为消费者提供更好的商品体验和服务体验。

2. 汇聚国内优质产品，引进国际高端产品

要积极引进国际优质产品和服务，使内优质产品与国际高端产品竞相争艳。一是要利用政策优势，加快对外开放步伐，汇聚国内名优产品，丰富市场货架，提升市场影响力；二是要利用国家优惠政策，积极引进欧洲的汽车、肉类、红酒等优质商品，增加国际优质消费品和高端产品供给，培育具有一定竞争

力的中高端消费市场；三是要利用自贸区政策和中外合作项目政策优势，积极引进国外的高端培训机构、医疗机构、会计师事务所、律师事务所等，为市民提供更好的服务。

3.公共服务要品质化，专业服务要精细化

增加优质服务供给，既要提升政府的公共服务品质，也要提升生产性服务业、生活性服务业的品质。在公共服务方面，加快建设一批具有战略性和开拓性的重大基础设施项目和一批具有功能性和引领性的民生项目，提高公共服务的品质，提升市民满意度和城市美誉度。要加强消费领域企业和个人信用体系建设，健全消费者维权机制，建设重要产品质量追溯体系，创建安全放心的消费环境。在生产性服务业方面，要推出普惠金融、消费金融、绿色金融、物流金融产品，完善会计、咨询、法律、知识产权等专业服务体系，增强现代物流功能，发展供应链管理、物流总部经济等高端业态，为经济发展提供良好的服务。在生活性服务业方面，要深入落实健康、养老、家政等生活性服务业的税收优惠政策，发展美容产业，促进生活性服务业向精细化、高品质转变。①

（三）发展一老一小事业：养老与扶幼

2019年《政府工作报告》指出，我国60岁以上人口已达2.5

---

① 杨勇：《进一步扩大优质产品和服务供给》，《重庆日报》2019年3月26日。

亿。要大力发展养老特别是社区养老服务业，对在社区提供日间照料、康复护理、助餐助行等服务的机构给予税费减免、资金支持、水电气热价格优惠等扶持，新建居住区应配套建设社区养老服务设施，改革完善医养结合政策，扩大长期护理保险制度试点，让老年人拥有幸福的晚年，后来人有可预期的未来。婴幼儿照护事关千家万户。要针对实施全面两孩政策后的新情况，加快发展多种形式的婴幼儿照护服务，支持社会力量兴办托育服务机构，加强儿童安全保障。

随着社会的发展，生活方式的改变，传统的医疗模式正在逐渐向防、治、养模式转变，大健康产业成为未来蓝海，健康养老、医养结合理念也日渐深入人心。今年的《政府工作报告》中，多个省份提出以大健康养老理念制定养老服务体系建设规划，实施健康养老工程，推动社会力量投身养老服务业。例如，天津市明确提出，2019 年要以大健康养老理念制订养老服务体系建设规划，大力支持社会力量兴办养老服务机构，将符合条件的养老机构内设医疗机构纳入医保定点范围，鼓励医护人员到医养结合机构执业，提高医养结合覆盖面。广西壮族自治区提出，2019 年要抓好国家级"医养结合"、全国养老服务业综合改革、居家和社区养老服务改革等试点，争创国家级健康养老服务业示范区，创建一批自治区级养生养老小镇，全面放开养老服务市场，积极发展生物医药等大健康产业。①

---

① 马丽萍：《话热点、触焦点、攻难点——让老百姓的幸福感更有保障》，《中国社会工作》2019 年第 5 期。

　　婴幼儿照护服务是一个集托、育、养、保、教等于一体的新业态和新需求，这种新业态和新需求下的照护服务的快速发展，需要大量的社会资源进入和支撑，尤其在师资培养、内容研发、相关配套设施和服务供给等方面需要大量社会资源的进入。同时，婴幼儿照护服务的健康发展需要健全、严格的监管机制。对于举办优秀的，不分举办者的性质对其给予宣传、表彰和奖励；对于举办条件较弱但是举办意愿强烈的，对其进行扶持和资助；对于在举办过程中出现恶意违规操作，或者存在对婴幼儿照护构成危害和危险的状况的，严厉进行惩治；对于举办不规范、举办条件长期得不到改善、家长意见强烈的，要坚决进行处罚。同时，建立区域或者全国统一的婴幼儿照护监管信息系统，对每一个婴幼儿照护服务的机构进行实时动态监管。①

（四）大力培育消费新动能

　　随着人们收入的不断提高，消费对于经济社会发展的强大牵引作用日益提升。人们已经不再满足于大众化、规模化的产品，而更加青睐于个性化、定制化的一体化服务。因此，要以市场为导向，多渠道培育消费新增长点，通过改革推动资源向新供给形成和扩张的领域转移，促进产业结构升级和创新消费供给；要采取多种措施，推动企业生产更加丰富的优质产品，释放潜在消费需求，挖掘消费结构升级带来的新需求；要畅通消费者与生

---

　　①　吕武：《婴幼儿照护服务需规范发展》，《中国教育报》2019年3月24日。

产方对接渠道，顺应消费需求新变化，引导生产企业按需生产，扩大有效供给；要发展消费新业态新模式，促进传统零售类企业的提质增效，实现线上线下消费融合发展，为人们提供更多的优质消费体验。此外，还要加大财税、金融等政策支持，加强市场监管，改善消费环境，加大消费者权益保护，让群众放心消费、便利消费，切实形成消费驱动增长新格局。

1. 发展壮大旅游产业

近年来，国际和国内经济形势总体上面临下行压力，但旅游产业一直保持平稳持续增长。2018 年，我国国内旅游总人数达到 55.39 亿人次，比上年同期增长 10.8%，年人均出游接近 4 次；旅游总收入 5.97 万亿元，同比增长 10.5%；旅游业对国内生产总值的综合贡献为 9.94 万亿元，占国内生产总值总量的 11.04%；旅游直接就业 2826 万人，旅游直接和间接就业 7991 万人。2019 年《政府工作报告》中明确提出，"发展壮大旅游产业"。旅游产业作为促进形成强大的国内市场、促进老百姓放心消费和有效消费，为经济平稳运行、稳定增长提供有力支撑的产业迅速发展，充分显示出国家对旅游产业在国民经济基础性地位的认可和重视。

首先，要进一步发挥旅游业的综合优势和带动效应，通过市场拉动和产业带动的共同作用，推动经济稳定增长和高质量发展。旅游业具有综合性特征，渗透力大、融合度高、拉动力强，不仅能与一、二、三产业的各个领域通过"旅游 +"或"+ 旅游"的模式进行融合发展，形成新的产品和业态，对优化产业结构产生催化作用，与文化、教育、科技和其他社会事业也有着互相交叉、嫁接和融合发展的基础。

其次，要积极发挥旅游业吸纳就业的作用，通过提供劳动岗位、技能培训、职业教育、师徒传承等方式和途径，为促就业、保民生作出更大贡献。旅游业属于劳动密集型产业，如酒店服务、景区管理、乡村和农业旅游等都是规模性吸纳劳动力就业的重要领域，并且对就业者在文化素质、专业技能等方面的要求弹性较大。2018 年，我国旅游业直接和间接就业人数已经占到全国总就业人口的 10.29%。

最后，要大力发展乡村旅游和休闲农业，促进脱贫攻坚和乡村振兴。多年来，乡村旅游一直走在国家精准扶贫和乡村振兴的前列，通过乡村旅游开发和发展乡村旅游、休闲农业，将乡村的农田、荒山、水域、房舍、农作物、乡村环境等生产和生活资源，通过农民自营、租赁、流转、合作、入股等方式，转化成乡村、农业旅游产品和服务，不仅提高了传统农业产品的附加值、增加了农民的收入、促进了农村的发展，也改变了传统的农村经济结构，形成了乡村地区以旅游业为主导的现代服务经济发展模式，让农民走上了脱贫致富之路，奠定了乡村振兴的产业基础。

2. 培育新能源汽车产业集群

在 2019 年的《政府工作报告》中，作为国民经济支柱产业的汽车产业被多次提及。关于新能源汽车，2019 年《政府工作报告》中明确提到的有两处：一是坚持"创新引领发展、培育壮大新动能"的重要抓手之一就是要"促进新兴产业加快发展，深化大数据、人工智能等研发应用，培育新一代信息技术、高端装备、生物医药、新能源汽车、新材料等新兴产业集群"。二是"稳定汽车消费，继续执行新能源汽车购置优惠政策"。

在 2019 年全国两会上，来自车企的全国人大代表、政协委员对新能源汽车产业提出了多个议案、提案、建议，内容涵盖新能源汽车购置税、发展氢燃料汽车、推动新能源汽车下乡等多个方面。

新能源汽车是我国产业提质增效的重要突破口，也是推动制造业高质量发展的重要抓手。2018 年，我国新能源汽车产销量分别为 127 万辆和 125.6 万辆，比上年同期分别增长 59.9%和 61.7%。但依然存在核心技术依赖国外、产业链上下游延伸不够等问题。推动新能源汽车产业高质量发展，要集中优势资源突破一批关键核心技术，围绕续航、动力等问题，鼓励企业提升自主研发、技术创新能力，创造出质量更高的产品满足用户需求；要加快新能源汽车基础设施建设，围绕"电力供应、场地供应、设备供应"三大问题，建立相关申报建设制度，使充电桩建设有法可依，简化报建程序，减少报建费用；要大力开拓新能源汽车国内外市场，建议完善新能源汽车推广应用扶持政策，加快出台促进新能源汽车消费的具体措施，加快建立开放、有序竞争的新能源汽车消费市场，营造良好的可持续发展的消费环境。①

———————————

① 《新能源汽车两会热度高涨，释放利好刺激车市发展》，https://baijiahao. baidu.com/s?id=1627426248978369677&wfr=spider&for=pc。

3. 推动"互联网＋"智能化发展

关于"互联网＋"，2019年《政府工作报告》中多次提及并强调。李彦宏、雷军等多位互联网企业家在今年全国两会上表达了自己的观点。

李彦宏带来了三个围绕人工智能的提案：《关于构建智能交通解决方案，让老百姓出行更顺畅的提案》《关于完善电子病历管理制度，促进智能医疗应用探索，助力"健康中国"战略实施的提案》和《关于加强人工智能伦理研究，打造智能社会发展基石的提案》，这三个提案分别是关于智能交通、智能医疗、智能伦理的研究。李彦宏表示，今年在人工智能领域的发展方向将会更加关注 ToB 领域："我们的判断是中国互联网的人口红利结束，在 ToC 领域的竞争越来越多的是有我没你，有你没我，但在 ToB 领域有很多蓝海，也有很多新的机会可以抓住。"

雷军提交了三份建议，分别关于 5G 和物联网技术、发展商业航天产业和对信息无障碍建设的建议。就《关于布局 5G 应用推动物联网创新发展的建议》这一提案来说，物联网技术作为全新的连接方式，全球的物联网产业规模越来越大，而 5G 技术作为数字技术的新引擎，在未来肯定将对各行业的应用产生影响，而不仅仅局限于智能手机产业。对于未来，他提出四项建议：一是加速工业物联网应用，助力工厂智能化转型；二是发展智慧农业，助推"乡村振兴"战略实施；三是发展无人驾驶与车联网，提高交通智能化程度；四是普及医疗物联网应用，助力"健康中国"建设。

随着技术的发展与应用，科技创新与产业变革深度融合，不断拓展"技术＋产业"，能有效地为传统产业的升级赋能。互联网技术发展到今天，催生并带动了多种新技术的发展，但不管是 5G 技术、人工智能、物联网技术的应用，主要是为实体经济的发展服务。相对地，可以看到的是互联网巨头的关注点逐渐从"消费互联网"转向"产业互联网"。单一的发展方式是不行的，未来肯定是多个产业拥抱互联网，智慧教育、智慧医疗、智慧零售都是新业态、新模式的体现。①

4. 促进线上线下融合发展

2019 年，如果要给零售行业定义一个最大的变化，那一定是线上线下融合发展。2019 年 1 月实施的《电子商务法》提出"促进线上线下融合发展"，2019 年 3 月《政府工作报告》中再次提出"发展消费新业态新模式，促进线上线下消费融合发展"。近年来互联网技术加速向线下渗透，在经历过电子商务对线下的颠覆式发展之后，线下再次进入重塑发展的新阶段。以技术为推动力、用户需求为导向的新业态正在成为线下发展的主流。

以苏宁为例，苏宁通过智慧零售大开发战略不断细分消费场景，大力创新业态模式。扎根城市社区的苏宁小店、深耕县镇市场的苏宁零售云、主打科技的无人店等新业态在全国遍地开花。2018 年，苏宁新开门店超过 8000 家，各类门店总数已经超

---

① 《解读两会"互联网＋"：产业互联网是发展方向》，http://www.sohu.com/a/299384420_120076227。

过 11000 家。如今，苏宁在线下形成了"两大两小多专"智慧零售业态群，形成了以用户需求为核心，多场景多业态互联网化线下生态圈。近年来，苏宁通过构建以苏宁超市、苏宁拼购为代表的线上多平台，不断扩充商品和服务，持续优化消费体验。目前，苏宁拼购商户数量超过 13000 家，整体 SKU 数量超 500 万，用户数达数千万。根据苏宁易购发布的《2018 年年度业绩快报》显示，2018 年苏宁易购营业收入为 2453.11 亿元，同比增长 30.53%，在零售业整体增速放缓的背景下，连续两年实现两位数增长。其中，线上平台商品交易规模同比增长 64.45%，远超行业平均水平。

5. 激活农村消费市场

改革开放四十多年以来，中国城乡家庭消费模式变化速度极快，在富裕起来的人群追求品位的同时，仍有近千万人在贫困线以下。以食品消费占家庭消费比重的 30% 以下作为富裕的标准，2013 年我国 70% 的城市家庭进入富裕区间，而农村只有 30%。农村消费落后于城镇消费十年，可见拥有 5.7 亿人口的农村消费市场潜力巨大。

始于 2008 年历时近四年的家电下乡政策，曾对消费增长起到立竿见影的拉动作用，数据显示，在实施约四年时间内，全国累计销售家电下乡产品 2.98 亿台，实现销售额 7204 亿元。要丰富下乡产品的多样性，让更多优质产品下沉至农村市场；并充分利用互联网工具，优化补贴发放方式，提升相关促消费措施的实施效果和效率；同时，要加强消费者权益保护，营造乡村品质消费良好环境。

近年来，农村电商的发展在脱贫攻坚中也为农村经济注入了新的活力。然而，农业生产方式粗放、缺乏专业化的生产经营技能、农产品上市渠道受阻等问题仍是当前贫困地区脱贫过程中的软肋。政府统筹资源，并与电商、农户三方联动形成合力，加强教育扶贫、产业扶贫力度，推动"农业产业化、农品品牌化、农人专业化"，完善长效扶贫机制，巩固脱贫成果。①

三、合理扩大有效投资

2019 年《政府工作报告》提出，合理扩大有效投资。我国发展现阶段投资需求潜力仍然巨大，发挥投资的关键作用要紧扣国家发展战略，着眼于促进形成强大国内市场，选准领域和项目，把钱用在"刀刃"上。今年中央预算内投资安排 5776 亿元，比去年增加 400 亿元。从投资结构上来看，将重点用于"三农"建设、重大基础设施建设、创新驱动和结构调整、保障性安居工程、社会事业和社会治理、节能环保与生态建设等方面。

2018 年，我国民间投资增长 8.7%，比上年加快 2.7 个百分点，占固定资产投资比重达到 62.0%，民间投资对经济增长发挥

① 《人大代表张近东，"两会"建言：农村消费升级也需"互联网"》，https://baijiahao.baidu.com/s?id=1627138859388657143&wfr=spider&for=pc。

着重要作用。要继续深化投融资体制改革，创新项目融资方式，落实好民间投资支持政策，加快破除各类不合理门槛，取消和减少阻碍民间投资进入补短板等重点领域的附加条件。总之，凡是市场能做的，政府要创造条件引导民间资本进入，营造良好的投资环境，充分调动民间投资的积极性。①

（一）加快实施基础建设

2019 年《政府工作报告》中提出，合理扩大有效投资。紧扣国家发展战略，加快实施一批重点项目。完成铁路投资 8000 亿元、公路水运投资 1.8 万亿元，再开工一批重大水利工程，加快川藏铁路规划建设，加大城际交通、物流、市政、灾害防治、民用和通用航空等基础设施投资力度，加强新一代信息基础设施建设。

1. 进一步推动高铁发展

2018 年，全国铁路营业里程达到 13.1 万公里以上，高铁总里程占世界 2/3，"八纵八横"高铁网建设全面展开，让广大民众切实体会到了交通便捷带来的实惠；铁路服务经济社会发展保障能力显著增强，旅客发送量由 8.07 亿人增长到 33.17 亿人，增长311.0%；复兴号在京津城际铁路实现时速 350 公里运营，并已覆盖 23 个省区市和香港特别行政区，进一步巩固和扩大了中国

---

① 《有效投资要扩大，但也要"合理"》，http://finance.sina.com.cn/roll/2019-03-11/doc-ihrfqzkc2830788.shtml。

高铁的领跑地位；具备"高铁极速达"服务的高铁动车组达400列，开通运营线路达431条、覆盖58个大中城市；推进科技智能化服务，网络订票、高铁订餐、人脸识别检票进站、拓展动车组WIFI平台功能、优化站内智能导航、"高铁+共享汽车"等服务，进一步提升了铁路的信息化、智能化服务水平，让旅客出行有了更加美好的体验。①

2. 促进公路水运合理建设

目前，中国公路总里程485万公里，其中高速公路的总里程超过14万公里，位居世界第一。高速公路基本覆盖了人口20万以上的城市，承担了全社会超过1/3的客运量和1/4的货运量，有效支撑了经济社会发展"提速"。港珠澳大桥以"最长、最高、最大"创造了世界桥隧建设史上的新纪录，这也是中国公路改革开放40年发展成就的一个缩影和代表。水运方面，中国规模以上港口生产用码头泊位15708个，其中万吨级泊位达2373个，位居世界第一。目前，全球排名前十的港口当中中国占7个，港口集装箱吞吐量占全世界总量的1/3以上，海运承担了中国90%以上的外贸货物运输量，为中国成为世界第一货物贸易大国提供了有力支撑。上海洋山港区四期码头是中国自主研发和建造的全球规模最大、自动化程度最高的集装箱码头，这标志着中国港口在运营模式和技术应用上实现了里程碑式的跨越与变革。此外，

① 《两会助力实现"交通强国梦"》，http://news.gaotie.cn/pinglun/2019-03-09/495070.html。

中国内河航道通航里程达 12.7 万公里，其中，等级航道达到 6.65 万公里。①

3. 弥补城际交通不足

作为城市交通的重要组成部分，城市轨道交通正在我国各个城市蓬勃发展。在城市轨道交通规划设计上，上海市按照"一张网、多模式、广覆盖、高集约"的理念进行规划；北京市地铁将中心城区所有地铁线路的运行间隔缩小到两分钟；南京市在国内率先实现了所有行政区轨道交通的全覆盖；中山市加快轨道交通建设，更好融入粤港澳大湾区；多数三四线城市交通基础设施薄弱，公共交通轨道交通严重不足。在加大交通系统网络衔接配套设施建设上，建议建设环形地铁，使民航与北京的各大高铁站畅通起来；上海市从单一的交通运输系统向综合服务的城市地铁网络转型；南京市推动以机场为核心的综合交通枢纽建设。在轨道交通运营管理安全上，从源头上保证安全投入，建立安全管控和应急响应的协调联动机制。

4. 加大投资降低物流成本

要推进结构性降本增效，推进多式联运，调整运输结构，宜铁则铁、宜公则公、宜水则水，倡导更经济的运输方式。要推进制度性降本增效，着力治理乱收费、乱罚款，降低高速公路、机场、港

---

① 《2019"两会"之交通关键词》，http://www.sohu.com/a/299469599_772491。

口、铁路运输的收费。要推进技术性降本增效，着力以标准化促进物流体系标准兼容、信息共享、实体互联，有效降低物流的衔接成本。要推进管理性降本增效，推动管理创新、组织创新，培育和支持平台型龙头骨干企业整合"小散弱"市场主体，以信息流引导实体流集约高效组织。提高企业管理水平，降低管理成本。

5. 扎实推进市政建设

2019 年《政府工作报告》明确指出，要扎实推进新型城镇化；统筹城市地上地下建设，再开工建设城市地下综合管廊 2000 公里以上，启动消除城区重点易涝区段三年行动，推进海绵城市建设，使城市既有"面子"，更有"里子"。城市地下基础设施是城市能否安全高效运行的关键，不仅反映了城市管理者的良心和责任心，也是城市持续竞争力和现代化水平的重要体现。从另一个方面看，城市地下基础设施建设不仅是改善民生、提升城市宜居性和竞争力的关键，还是拉动投资、稳定增长的有力抓手。将"补城市地下基础设施短板"作为重点，整合易淹易涝地区改造、黑臭河道整治、海绵城市建设、地下综合管廊建设、地铁轨道交通建设、人防工程建设、电力和通信管网建设等专项行动，加强整体制度设计，加大政策资源支持力度，加快推进建设，带动相关产业链条的延伸发展，提高城市地下基础设施建设水平和能力，增强中国城市的韧性能力和可持续发展水平。①

---

① 《全国人大代表周岚建议——加强城市地下基础设施建设》，http://www.h2o-china.com/news/272313.html。

6. 提高自然灾害防治能力

2018 年 10 月 10 日，习近平总书记主持召开中央财经委员会第三次会议时强调，大力提高我国自然灾害防治能力，全面启动川藏铁路规划建设。我国是世界上受自然灾害影响最严重的国家之一。同时，我国自然灾害防治能力总体还比较弱，提高自然灾害防治能力极为重要。要实施灾害风险调查和重点隐患排查工程，掌握风险隐患底数；实施重点生态功能区生态修复工程，恢复森林、草原、河湖、湿地、荒漠、海洋生态系统功能；实施海岸带保护修复工程，建设生态海堤，提升抵御台风、风暴潮等海洋灾害的能力；实施地震易发区房屋设施加固工程，提高抗震防灾能力；实施防汛抗旱水利提升工程，完善防洪抗旱工程体系；实施地质灾害综合治理和避险移民搬迁工程，落实好"十三五"地质灾害避险搬迁任务；实施应急救援中心建设工程，建设若干区域性应急救援中心；实施自然灾害监测预警信息化工程，提高多灾种和灾害链综合监测、风险早期识别和预报预警能力；实施自然灾害防治技术装备现代化工程，加大关键技术攻关力度，提高我国救援队伍技术装备专业化水平。①

7. 鼓励民用和通用航空建设

目前，我国的通用航空产业仍然弱小，通航基础设施还不完备，应在国家层面上制订产业发展中长期战略规划，不仅要加

① 《习近平主持召开中央财经委员会第三次会议》，http://www.cma.gov.cn/2011xwzx/2011xqxxw/2011xqxyw/201810/t20181011_479618.html。

大国产民用直升机研制投资支持力度，同时，政府可以通过采办通航应急救援服务、通航风险巡视服务，在应急救援、警用航空、航空护林等领域引导并鼓励优先使用国产民用直升机等措施，加快形成规模化的通航市场。加快培养成规模成建制的通航人才，建议扩张通航飞行员、机务、空管等人员的教育和培训规模。

在民航方面，民航运输机场总数达到 235 个，其中，年旅客吞吐量超过 1000 万人次的机场达 37 个。民航定期航班航线通达港澳台地区以及 60 个国家（地区）的 158 个城市。经过 40 年的发展，中国民用航空已经成为全球第二大航空运输系统。机场建设水平也跃居世界先进行列。2019 年，中国自主设计和施工建设的北京大兴国际机场建成后，将成为大型国际航空枢纽，这也是国家发展的新的动力源。①

8. 加快 5G 商用步伐

2018 年 12 月举行的中央经济工作会议提出，2019 年将加快 5G 商用步伐，加强人工智能、工业互联网、物联网等新型基础设施建设。2019 年是 5G 走向规模化商用的关键一年，当今世界主要经济体都在加速推进 5G 商用的落地。我国三大基础电信运营商对于 5G 也都投入了大量的人力、物力和财力。今年全国两会期间，全国政协委员、中国联通研究院院长张云勇准备了三份

---

① 《2019"两会"之交通关键词》，http://www.sohu.com/a/299469599_772491。

提案，均与 5G 相关，包括建议规范引导社会资本参与 5G 网络建设，缓解运营商资金压力；推进 5G 网络共建共享；建议从政府层面推动超高清视频内容发展和 5G 产业协同，加强对 5G 频率的监管。

（二）支持民间投资

2019 年《政府工作报告》指出，创新项目融资方式，适当降低基础设施等项目资本金比例，用好开发性金融工具，吸引更多民间资本参与重点领域项目建设。落实民间投资支持政策，有序推进政府和社会资本合作。

据不完全统计，各级政府投资总额在 2018 年投资总额当中占比不到 5%，主要是精准用于基础设施、城市公共服务设施和社会民生短板这方面的投入。2018 年民间投资增长幅度是 8.7%，比整个投资增长幅度高了 2.8 个百分点。整个民间投资占固定资产投资的比重继续保持在百分之六十以上，2018 年是 62%，其中的 35% 左右是投资于技术设备的改造和制造业的发展。所以制造业的投资占比超过 1/3，而其增长速度是 9.5%，超过整个民间投资增长速度 0.8 个百分点。民间投资与政府投资紧密结合，形成了国家基础设施投资、公共服务设施投资、制造业投资等方面的组合。

后面将采取一系列民间投资措施：一是要降低准入门槛，扩大准入空间；二是帮助民间投资解决客观存在的一些问题，包括融资的问题，政府部门服务的问题等，来促使其平稳健康发展，共同推动国家的固定资产投资和国民经济发展相适应。①

1. 推动政府和社会资本合作（PPP）

2019 年《政府工作报告》中，在扩大投资导向下首次提及 PPP 模式，意味着 PPP 模式受到政府重视和支持。而 PPP 模式主要应用的基建项目资本金比例适当下调，将大大提高社会资本投资能力，为稳投资、稳增长创造良好的政策环境。经过 2018 年清理整顿后，约 2557 个不合规的 PPP 项目被清退出财政部 PPP 项目库。财政部 PPP 中心数据显示，截至 2019 年 1 月底，财政部 PPP 项目管理库累计共有 8735 个项目，投资额约 13.2 万亿元。其中实际开工项目 2282 个，投资额 3.2 万亿元。为了控制投资规模和风险，我国对投资项目采取了资本金制度，即在项目总投资中，由投资者认缴部分出资额。各行业项目资本金比重随宏观调控形式的变化而有所调整，经历了 1996 年、2009 年、2015 年三次调整，目前 PPP 所涉及的基础设施和公共服务领域固定资产投资项目的最低资本金比例为 20%，港口、沿海及内河航运、机场项目为 25%，城市地下综合管廊、城市停车场项目，以及经国务院批准的核电站等重大建设项目，可以在规定最低资本金比例的基础上适当降低。②

---

① 《何立峰：正采取措施促进民间投资平稳健康发展》，http://3g.163.com/dy/article/E9J6K7B70514EGPO.html。

② 《扩大投资首提 PPP 模式，将下调基建项目资本金比例》，https://baijiahao.baidu.com/s?id=1627141607688373659&wfr=spider&for=p。

2. 优化营商环境

2019 年是中国全面建成小康社会的关键之年，优化营商环境势在必行且刻不容缓。无论是抵挡短期内经济下行压力，确保就业稳、金融稳、外贸稳、外资稳、投资稳、预期稳，还是促进新旧增长动能转换，实现经济高质量发展这一中长期目标，加快建设公平、透明、可预期的营商环境都是题中应有之义。近年来，中国改善营商环境的成效明显。根据世界银行报告，2018 年中国营商环境全球排名已从 78 位上升至 46 位。但李克强总理在答记者问时还是明确指出："社会上也有呼声，营商环境改善得还不够，还有较大差距。我们要倾听这种呼声，进一步改善营商环境。"

在国新办于 2019 年 2 月 27 日举行的国务院政策例行吹风会上，代表委员们提出：

一是进一步推动注册登记便利化。到 2018 年年底，各直辖市、计划单列市、副省级城市和省会城市企业开办时间由原来的 20 天压缩至 8.5 天以内。2019 年，还要继续把这一目标扩大到全国范围。

二是加大维护公平竞争力度。深入推动公平竞争审查，督促指导部门和地方建立健全审查机制，全国对 31 万份新制定文件进行公平竞争审查。同时不断增强反垄断执法，积极查办了医疗、交通、建筑、公章刻制等行业领域行政性垄断案件。扎实推进价格监管和反不正当竞争执法，加强了电力、房地产、医药、新兴行业等重点领域价格监管。集中整治了商业贿赂、虚假宣传等突出问题。

三是大力整治各种市场乱象。围绕代表、委员关心的"保健"市场虚假宣传、违法广告、消费欺诈、制假售假等问题，国家市场监管总局会同 13 个部门共同开展了专项整治。①

（三）补齐农村基础设施短板

全面建成小康社会，最艰巨的任务在农村，最突出的短板也在农村，而农村的短板最直观地体现在基础设施等领域。2019年 3 月 8 日，习近平总书记参加河南团审议时强调，"要补齐农村基础设施这个短板"，"逐步建立全域覆盖、普惠共享、城乡一体的基础设施服务网络"。习近平总书记的话，直击农民反映强烈的民生痛点，指明了乡村振兴的发力点，为我们进一步推动农村基础设施提档升级指明了方向、明确了任务。

实现农村全面发展，不仅要大力促进农民收入持续较快增长，而且必须把改变农村落后面貌、改善农民生产生活条件放在更加突出的位置，补齐农村基础设施这个短板，着力提升农民群众的生活品质。近年来，农村生产生活条件得到改善，农村基础设施建设取得明显成效，基础设施公共服务水平不断提升，农村整体面貌发生了很大变化，大大提升了农民群众的获得感、幸福感、安全感。但是，由于自然和历史的原因，农村人居环境总体水平与农民群众的现实需求还有一定差距。农村基础设施是基础

① 《营商环境，"放管服"连出硬招》，http://www.whb.cn/zhuzhan/2019qg lh/20190302/245349.html。

能力建设的"最后一公里"，决不可等闲视之。做好"三农"工作、实施乡村振兴战略，必须加快补齐农业农村发展短板，尤其是基础设施短板，实现城乡一体化发展。要突出规划引领，按照先规划后建设的原则，通盘考虑土地利用、产业发展、居民点布局、人居环境整治、生态保护和历史文化传承，编制多规合一的实用性村庄规划，进行一体化布局、系统化推进。要完善机制保障，加大投入力度，创新投入方式，创新农村基础设施和公共服务设施决策、投入、建设、运行管护机制，引导和鼓励各类社会资本参与农村公益性基础设施建设，抓好"硬件"基础设施建设，重点抓好农村交通运输、农田水利、农村饮水、乡村物流、宽带网络等基础设施建设，提升农村教育、医疗、卫生、社会保障、文化体育等公共服务水平，逐步建立全域覆盖、普惠共享、城乡一体的基础设施服务网络。①

（郭兆晖：中央党校（国家行政学院）社会和生态文明教研部副教授）

---

① 《补齐基础设施短板　美化农村人居环境》，《驻马店日报》2019年3月21日第1版。

第 六 章
推动制造业高质量发展

党的十九大报告指出，我国经济已由高速增长阶段转向高质量发展阶段，正处在转变发展方式、优化经济结构、转换增长动力的攻关期，建设现代化经济体系是跨越关口的迫切要求和我国发展的战略目标。建设现代化经济体系，必须把发展经济的着力点放在实体经济上。作为立国之本和兴国之器，制造业在实体经济中占据主体地位。它是国民经济的支柱，是经济增长的发动机，是国家安全和人民幸福安康的物质基础，是技术创新的主战场，是供给侧结构性改革的重要领域。2018 年 12 月召开的中央经济工作会议部署的 2019 年重点工作任务中，将"推动制造业高质量发展"排在第一位。2019 年的《政府工作报告》围绕推动制造业高质量发展提出了具体举措和落实措施。

一、制造业及制造业高质量发展的内涵

制造业是指对采掘的自然物质和工农业部门生产的原材料

进行加工和再加工，为其他产业部门提供生产资料，为社会提供日常消费品的产业部门。按照国家统计局颁布的国民经济行业分类，制造业在工业部门中占据约 85% 的比重，是指工业部门除了采矿业、电力、燃气、水的生产和供应业以外的行业。按照现有的统计口径，我国制造业包括原材料加工制造业 9 个行业、消费品加工制造业 14 个行业和装备制造业 8 个行业，共有 31 个行业。

发展质量是一个多维度的概念。从经济学意义上看，在微观层面，主要是指产品和服务的质量；在中观层面，主要是指产业和区域发展质量；在宏观层面，主要是指国民经济整体质量和效率，全要素生产率是其重要衡量指标。[①] 所谓高质量发展，总体而言是符合新发展理念的发展，即实现了创新、协调、绿色、开放和共享的发展。具体而言，是科技创新为核心驱动力的发展；是生产力合理布局实现了区域、城乡协调发展，工业化与信息化深度融合的发展；是实行了低碳绿色发展方式和生活方式，为人民创造良好生产生活环境的发展；是深化合作共赢与世界各国携手构建人类命运共同体的开放发展；是促进人的全面发展、全体人民共同富裕的发展。

制造业不仅仅是加工组装，而是一个价值链体系。它包含技术研发、产品设计、生产加工、市场营销、品牌建设等各个环节。制造业高质量发展需要在提升加工和组装科技创新、绿色发展等水平的基础上，延伸价值链，提升附加值，掌控产业链条关

---

① 王一鸣、陈昌盛等著：《高质量发展：宏观经济形势展望与打好三大攻坚战》，中国发展出版社 2018 年版，第 109 页。

键环节，获取更多收益。制造业高质量发展主要体现在以下三个方面：一是提高制造业的技术创新能力，夯实制造业发展根基，实现从速度和规模向质量和品牌的转变；二是推进先进制造业与现代服务业深度融合，实现从中国制造到中国创造的转变；三是完善制造业产业体系，优化制造业产业结构和区域布局，实现制造业的绿色发展。

二、推动制造业高质量发展的战略意义

瓦科拉夫·斯米尔在《美国制造：国家繁荣为什么离不开制造业》一书中指出：经济增长最恒久的动力来自于技术创新，制造业是技术创新的基本源泉，因而也是经济增长的原动力。制造业始终是实现发明和技术改进的核心领域。斯米尔进一步指出：务必提醒那些认为现代社会可以脱离制造业而独享繁荣的人，制造业不仅是把"有益知识"（指比技术进步、发明创新更广义、更基础的词汇）转化为物质财富的基本模式，而且在这种以知识演化为构成现代社会基础的诸多便捷服务的过程中，制造业同样是最根本的手段。[①] 马克思主义政治经济学中始终坚持生产的第一性，充分肯定实体经济在经济建设与经济发展中的重要作用。发达国家的经济发展实践表明，我国在经济发展新常态这一大的

---

① ［美］瓦科拉夫·斯米尔著：《美国制造：国家繁荣为什么离不开制造业》，李凤海、刘寅龙译，机械工业出版社 2017 年版，第 17—19 页。

发展背景之下，应该以实体经济尤其是以发展先进制造业作为经济发展的主战场。

（一）制造业高质量发展，是新时代遵循经济发展规律推动我国经济健康持续发展的内在要求

新时代，经济进入新常态，原来的高速度、高污染、高耗能、低附加值的经济发展模式难以为继。新常态是对我国经济发展阶段性变化的重大判断。2008 年爆发的国际金融危机，引发了世界经济自第二次世界大战以来最严重的衰退，发达国家经济下滑造成我国外需急剧收缩，出口下滑，工业生产大幅回落。同时我国经济发展的内在条件也发生了深刻变化，劳动年龄人口数量从 2012 年开始减少，人口抚养比逐步提高，储蓄率和投资率趋于下降。内外因素交织，使得我国经济增速从 2007 年的 14.2%下降为 2018 年的 6.6%。长期以来，低成本一直是我国制造业在全球竞争中获胜的关键因素，但这一优势从 2010 年开始已经逐步减弱。我国很多地区的工人工资水平已经超过了东南亚国家。即使与美国等发达国家相比，我国制造的成本优势也不明显，与美国相比，虽然中国制造在人工成本上还具有一定的优势，但土地成本、物流成本、资金成本、能源成本等均高于美国。

新常态作为我国经济发展的新阶段和大逻辑，是符合经济发展规律的。历史经验表明，在工业化过程中，当一个经济体达到中等收入水平之后，经济增速都有一个回落阶段，这是一个普遍规律。第二次世界大战后的日本、德国、韩国等一些成功追

赶型国家，在 20 世纪六七十年代都经历了高速增长之后的回落。增速回落有多方面原因，但有一点都类似，即前期的粗放式发展，到一定阶段随着经济体量的增大，增速自然放慢下来。从我国看，随着国民经济总量基数变大，同样是 1 个百分点的增长速度，在 2000 年意味着 900 多亿元的增量，到 2016 年就是 7400 多亿元的增量，支撑这样大体量的经济增长，如果还要保持以往的高速度，所需要的能源、资源等要素和环境的消耗将是巨大的，是不可承受之重。我国经济发展目前的问题主要不是周期性的，不可能通过短期刺激实现 V 形反弹，我国经济会经历一个 L 形增长阶段。[1] 这个阶段需要转型升级，也只有转向高质量发展，才能成功跨越"中等收入陷阱"，实现经济持续健康发展。

（二）制造业高质量发展是适应我国社会主要矛盾变化和全面建成小康社会、全面建设社会主义现代化国家的必然要求

制造业高质量发展的根本动力是人们需求层次的提升。经济发展的根本目的是为了人。而人的行为受不断上升的需求层次支配。马克思将人的需求层次分为三级：生存需求、享受需求和发展需求。马斯洛的需要层次理论则将人的需要由低到高分为生理需要、安全需要、社会关系需要、尊重需要和自我实现需要五个层次。整个社会的发展也会因个体需要的变化而呈现出社会需要层次的逐级攀升，这势必推动经济转型升级发展。党的十九大

---

[1]　《权威人士谈当前中国经济："开局首季问大势"》，《人民日报》2016 年 5 月 9 日第 1 版。

报告作出重大判断，我国社会主要矛盾已经由人民日益增长的物质文化需要同落后的社会生产之间的矛盾转化为人民日益增长的美好生活需要和不平衡不充分的发展之间的矛盾。但当前我国大量低端产能不适应国内消费结构升级的需求，许多生产能力无法在市场上实现。我国制造业总体产能利用率低于80%，有部分行业的产能利用率只有60%左右甚至更低。我国的产能过剩只有少部分行业是相对过剩，大部分行业都处于绝对过剩状态，无论是消费品制造业还是能源原材料加工制造业和装备制造业都普遍存在产能过剩。同时，我国的产能过剩是结构性的，主要集中在低端产能方面，而高端产能不足。只有推动制造业转型升级，实现高质量发展，形成优质高效多样化的供给体系，才能实现供给和需求在新水平上的动态平衡。

党的十九大报告提出到2035年基本实现社会主义现代化的奋斗目标。实现这个目标，我国将进入高收入国家行列。国际经验表明，一个国家要从中等收入阶段进入高收入阶段，关键在于实现经济发展从量的扩张到质的提高这一根本性转变。据世界银行研究，1960年全球101个中等收入经济体中，截至2008年，只有13个进入高收入国家行列，其余的国家都长期在中等收入阶段徘徊，主要原因就是没有实现上述根本性转变。现在，我国产业在全球产业链、价值链中的地位总体上处在中低端，科技与经济发展尚未深度融合，原始创新不足，科技成果转化渠道不畅，不少关键技术依赖进口。当今世界，新一轮科技革命和产业变革正在蓬勃兴起，我国只有加快科技创新和产业转型升级步伐，才能在激烈的国际竞争中赢得主动。这就迫切要求加快推进制造业高质量发展。

（三）制造业高质量发展是我国抓住时代机遇应对国际竞争的必然要求

进入新世纪以来，特别是国际金融危机以来，新一轮科技革命和产业变革不断孕育突破，全球制造业格局发生深刻调整，新一轮产业变革蓄势待发，并带来制造业技术体系、生产模式、组织形态的重大变革，全球制造业发展呈现出智能化、网络化、服务化、绿色化等新趋势。发达国家重新审视发展战略，纷纷提出以重振制造业为核心的战略布局。这对于我们这样一个制造业大国而言，既是机遇，同时也是挑战。

根据美国经济分析局的数据，美国制造业增加值占国内生产总值的比重由 1950 年的 26.8% 下降到 2015 年的 12.1%。为了重塑制造业竞争力，2009 年以来美国先后出台了《重振制造业政策框架》《制造业促进法案》《先进制造业伙伴计划》《国家制造业创新网络计划》等，以扭转产业空心化势头，加强"产业公地"① 建设，优化政府投资。美国明确提出了发展先进制造业的五大战略目标：加大对中小制造企业的投资、提高劳动力技能、

_____

① 哈佛大学商学院的加里·皮萨诺和威利·史两位教授在他们出版的《制造繁荣：美国为什么需要制造业复兴》一书中阐释了产业公地理论。他们认为，产业公地是能够支撑多个产业创新发展的技术能力和制造能力的集合，例如基础设施、专业知识、工程制造能力等等。这些能力被多个企业甚至产业共享。对于那些需要共享能力的产业，产业公地是竞争力之源。

建立健全伙伴关系、调整优化政府投资、加大先进制造业研发投入。2018 年 6 月，由美国商务部、国家标准与技术研究院和国家科学基金会联合支持的美国研究机构——制造业前瞻联盟，发布了名为《制造繁荣——促进美国国家财富和安全的宏伟战略》的报告。它在分析美国制造业面临挑战和变革机遇的基础上提出，为维护国家安全，美国必须采取大胆举措，积极应对挑战，抓住技术快速变革带来的机遇大力发展美国制造业。这些机遇包括智能制造、半导体系统封装、药品连续制造等，报告中列出了美国的战略部署，包括组建由高校、工业企业等参与的非营利机构——研发成果转化中心，新建一批"美国制造"研究院，成立专家组并确定一批"登月计划"，利用政府采购为新技术新产品创造领先市场，建立分布式制造业投资基金，推动中小企业采用新兴技术，加快培养工程技术人才，等等。2010 年德国政府发布《德国 2020 高技术战略》，实施"工业 4.0"战略，促进科技与经济之间的深度融合。通过建设信息物理系统（CPS），构建网络化协同设计和制造体系，推广个性化定制模式，加快制造业向智能化转型。英国推出《英国制造 2050 战略》，在通信、传感器、发光材料、生物技术、绿色技术、大数据、物联网、机器人、增材制造、移动网络等多个技术领域进行布局。

制造业与创新密切关联，是创新的土壤。制造能力的缺失往往会造成研发失去用武之地，无法实现科技向产业创新的转换。一些新产品发明于美国，但美国企业却难以实现产业化，以致最终失去了竞争力。这样的例子不胜枚举，例如晶体管、集成电路、微处理器等。德国一直在注重打造"工匠精神",一直没有放弃在基础科学领域和工业制造方面的研究,并且在这两个方面取得了重大成就。即使这样,2019年2月德国经济和能源部发布的《国家工业战略2030》,依然明确提出扩大德国现有优势,将制造业在德国经济中的比重从2017年的23%提高到2030年的25%,加强技术创新,力争德国在制造业产业链各关键环节都保持优势。面对发达国家重振自身原本就十分强大的制造业,我国更应该认清形势,积极应对,通过推动制造业高质量发展,抢占未来产业竞争制高点。

三、我国制造业高质量发展状况分析

改革开放40年来,我国建立了门类齐全的现代工业体系和配套网络,制造业在世界中的份额持续扩大。220多种工业品产量居世界第一。其中,中国品牌的手机占世界份额40%以上,平板玻璃的产量超过世界总产量的50%,工程机械销售总额占世界的40%以上,工业机器人、彩电和汽车产量均占世界30%以上。1990年我国制造业占全球的比重为2.7%,居世界第九位;2000年上升到6.0%,居世界第四位;2007年达到13.2%,居世界第二位;2010年占比进一步提高到19.8%,跃居世界第一,自此连续多年稳居世界第一位,对我国国内生产总值的增长形成强有力支撑。在载人航天、北斗卫星导航、超级计算机等领域,具有国际竞争力的优势产业已经发展起来。为中华民族实现从站起来、富起来到强起来的历史性飞跃，为我国日益走近世界舞台中央做出了巨大贡献。但与发达国家相比，我国制造业依然大而不强，创新能力、品牌价值、资源利用效率等方面亟须提升。

（一）我国制造业高质量发展的基础和条件

我国已经形成最大规模的中等收入群体，城镇化水平不断提升，内需市场十分广阔，消费需求稳居"三驾马车"之首，这是推动制造业高质量发展的最大的动力。随着社会主要矛盾的变化，绿色发展成为时代主题，绿水青山就是金山银山的理念不断深入人心，这对节能环保、资源综合利用等新兴产业带来了重要发展机遇，也是制造业高质量发展的最大推动力。

科技创新能力不断增强，制造业发展的创新驱动力明显提升，高速铁路、特高压输变电、电动汽车等产业技术创新取得重大突破。我国制造业研发经费投入力度不断提高，促进新产业、新业态、新商业模式蓬勃发展，新动能加快成长壮大。2017 年，我国规模以上工业研发经费超过 1.2 万亿元，研发投入强度为 1.06%，其中制造业研发投入强度为 1.14%。研发投入的快速增加带动新动能成长壮大。2018 年，高技术制造业、战略性新兴产业和装备制造业增加值分别比 2017 年增长 11.7%、8.9% 和 8.1%，增速分别比工业增加值快 5.5、2.7 和 1.9 个百分点。从新产品产量看，新能源汽车、锂离子电池、集成电路产量分别增长 40.1%、12.9% 和 9.7%，分别高于工业增加值 33.9、6.7 和 3.5 个百分点。

供给侧结构性改革取得重大成就。去产能成效显著，改善了国内供需结构并影响了国际市场。钢铁、煤炭价格回升，国际大宗商品价格也出现了不同程度的上涨。为高效、有效供给产能腾出了发展空间，产能利用率和产业集中度均得到了提升，同时企业利润率增长也十分明显。2018年全年压减钢铁产能超过3000万吨，退出煤炭产能1.5亿吨以上；煤炭开采和洗选业以及黑色金属冶炼和压延加工业产能利用率分别达到70.6%和78.0%，创近几年来的最高水平。去杠杆稳步推进，资产负债率回落。2018年全国规模以上工业企业利润总额同比增长继续保持在10%以上。

我国制造业发展有强大的高素质技术人才做支撑。从总量上看，目前我国共有1.65亿技能劳动者，其中高技能人才4800万人。我国制造业人才培养规模位居世界前列。2015年，我国高等学校本科工科类专业点数约1.6万个，工科类专业本科在校生525万人、研究生在校生69万人；高等职业学校制造大类专业点数约6000个，在校生136万人；中等职业学校加工制造类专业点数约1.1万个，在校生186万人。

（二）制约我国制造业高质量发展的因素

我国的制造业国际竞争力以低成本低价格优势和大规模生产能力所支撑，我国在2013—2016年间在全球制造业竞争力排名中都位居世界第一，但这一优势从2020年开始会相对削弱。根据《2016年全球制造业竞争力指数》，2016年中国排名第一，美国排名第二。而据预测，到 2020 年美国将超过中国位居世界第一（见表 6-1）。

表 6-1　2016 年全球制造业竞争力指数前 10 名

2016 年排名			2020 年预测排名		
1	中国大陆	100	1	美国	100
2	美国	99.5	2	中国大陆	93.5
3	德国	93.9	3	德国	90.8
4	日本	80.4	4	日本	78
5	韩国	76.7	5	印度	77.5
6	英国	75.8	6	韩国	77
7	中国台湾	72.9	7	墨西哥	75.9
8	墨西哥	69.5	8	英国	73.8
9	加拿大	68.7	9	中国台湾	72.1
10	新加坡	68.4	10	加拿大	68.1

资料来源：德勤公司和美国竞争力委员会《2016 全球制造业竞争力指数》。

1. 制造业根基不牢，核心关键技术缺失

虽然我国具有完备的工业体系，但在部分高端产品和核心零部件领域仍存在短板，部分高端产品和核心零部件高度依赖进口，国外"卡脖子"风险依然较大。例如我国高端芯片与通用芯片的对外依存度高达 95%，也即几乎 95% 的高档数控系统、高档液压件和发动机等都依靠进口。特别是在中美贸易摩擦背景下，高端产品和核心零部件自给率低的风险进一步暴露。当前，制约我国制造业高质量发展的首要因素是企业创新能力不足，突出表现为两个方面：一是工业企业基础研究投入无法支撑原始技术创新。2017年，我国规模以上工业企业研发经费支出超过了1.2万亿元，但基础研究经费仅占0.2%左右。而美国、德国、英国、日本、韩国等创新型国家的企业研发经费中基础研究占比通常在5%以上，有的甚至高达15%以上。基础研究的严重不足，直接导致产业核心关键技术创新能力弱，难以支撑产业转型升级，实现高质量发展。二是当前我国制造业人才队伍在总量和结构上都难以适应制造业高质量发展的要求。从总量上看，新兴产业领域、跨学科前沿领域人才缺口大；从结构上看，创新型、高技能等高素质人才占比明显偏低，既懂制造技术又懂信息技术的复合型人才更是紧缺。据统计，目前我国高技能人才占就业人员的比重只有6%左右，而发达国家普遍高于35%。① 习近平总书记多次强调，核心技术是国之重器，是我们最大的命门，核心技术受制于人是我们最大的隐患。发达国家在一些关键技术与核心产品上对我实施出口管制，我国集成电路、基础软件、互联网、高端生产装备、新材料等多个领域都存在产业安全风险隐患，相关制造业不仅面临低端锁定困境，产业链安全和供应链安全也得不到保障。在关系国计民生的基础设施和信息系统中，大量使用进口的芯片、软件和控制系统，一旦被"卡脖子"，就难以保障设备和系统的安全稳定运行。对于国防科技工业来说，核心技术更是买不来的。

---

① 苗圩：《大力推动制造业高质量发展》，《求是》2019年第6期。

2.质量有待提升，品牌建设滞后

从国际经验来看，许多发达国家在经济社会发展到一定阶段，都把质量抬升到战略层面。美国 1987 年颁布了《质量促进法案》，德国、日本等国也在发展的关键阶段，通过实施质量战略实现了经济崛起。我国制造业质量总体水平不断提升，但国产产品的质量与国际先进水平还有差距。以汽车工业为例，根据《2018 年中国新车质量研究报告》，自主品牌新上市车型问题数量增加，空调系统、车身外观和发动机变速系统等方面与国外品牌差距较大，质量有待提升。制造业企业平均质量损失每年仍超过 2000 亿元，约占主营业务收入的 2%，远超发达国家；反映出口商品质量的产品平均出口单价，比德国、日本、美国分别低 76.19%、57.06%、31.84%。制造业企业亿元产值发明专利数平均约为 0.4 件，距《中国制造 2025》提出的 0.7 件目标要求仍有较大差距；企业平均寿命、品牌数量明显落后于发达国家。品牌国际影响力与美、欧等主要发达国家仍有较大差距，由世界品牌实验室发布的 2017 年度世界品牌 500 强中，中国有 37 个品牌入选，位居世界第四位，而美国占据 500 强品牌中的 233 席；前 10 名中，9 个是美国品牌，1 个是德国品牌。2018 年 BrandZ 全球品牌价值 100 强中，中国有 14 个品牌上榜，但多数是互联网和金融领域，消费领域仅有茅台上榜，而其他领域如服装类、奢侈品类均没有中国品牌上榜。山寨产品、假冒伪劣产品问题依然突出，特别是在农村市场。这些产品已经严重危害到了农村消费者的健康甚至生命安全。

3. 制造业产出效率整体偏低，产品附加值不高

近年来，我国制造业的增加值率约为 20%，远低于工业发达国家 35% 的水平。这说明我国制造业经济效率与产品附加值偏低，在全球产业链中处于中下游的分工地位。以苹果手机为例，我国是苹果手机的组装生产基地，但每生产一部手机我国仅获取总利润的 3.63%，美国企业获取近 50% 的利润，日本企业获取 30% 以上的利润，韩国企业获取 10% 以上的利润。我国制造业规模大与产值小的不均衡现象，也折射出我国制造业存在产出效率与附加值偏低的问题。据联合国工业相关组织资料显示，我国制造业人均附加值仅相当于爱尔兰的十分之一，在世界排名 50 位左右，甚至低于一些发展中国家。我国制造业大部分的核心部件都依赖进口，这就提高了我国制造业的生产成本。进口材料成本上升、要素价格上涨等因素直接影响着我国制造业的成本，使其居高不下。制造业成本优势的逐渐消失，削弱了我国制造业的竞争力。2018 年企业利润虽然有所回升，但存在十分明显的结构性差异。一是上下游之间分配不均。利润增速的回升，主要来自原材料和资源类等上游企业的利润大幅反弹，而中下游企业利润好转有限。二是不同所有制企业之间的差距加大。主要占据上游的国有企业相对较好，民营企业的获益程度相对不足。三是不同规模企业之间差异明显。由于少数地区环保压力增加，再加上融资困难，民营制造企业尤其中小企业经营压力加大。

4.制造业企业融资难问题尚未得到根本解决

金融是现代经济的血脉，金融兴则实体兴。统计数据显示，2006—2016年的十年间，我国制造业的贷款比重从25%下降到16.2%，[①]导致制造业企业投资下滑。近年来，由于股票市场出现一定波动，债券信用违约风险频发，直接融资市场信心低迷，活跃度大幅下降，直接融资发展缓慢。从社会融资规模占比的数据来看，以股债融资度量的直接融资占比不到30%，2018年年初一度只有5%，处于历史低点，融资结构持续失衡。这种失衡也是造成我国制造业企业融资难融资贵的重要原因。制造业企业融资难与其经营效益不够好直接相关。企业效益好的时候，贷款、发债以及股权融资都比较容易；一旦经济形势不好，企业效益下滑，压贷、抽贷、惜贷就会随之而来，发行债券和股票也会比较困难，这是正常的经济现象。因此，如何创新金融模式，推动金融业供给侧结构性改革支持实体经济特别是制造业发展是亟待解决的问题。

四、推动制造业高质量发展的路径

推动制造业高质量发展是一项系统工程，需要综合施策。中央经济工作会议指出，要推动先进制造业和现代服务业深度融

---

① 转引自王新哲：《产业金融合作　建设制造强国》，《光明日报》2018年2月20日第3版。

合，坚定不移建设制造强国。要稳步推进企业优胜劣汰，加快处置"僵尸企业"，制定退出实施办法，促进新技术、新组织形式、新产业集群形成和发展。要增强制造业技术创新能力，构建开放、协同、高效的共性技术研发平台，健全需求为导向、企业为主体的产学研一体化创新机制，抓紧布局国家实验室，重组国家重点实验室体系，加大对中小企业创新的支持力度，加强知识产权保护和运用，形成有效的创新激励机制。

（一）继续深化供给侧结构性改革

企业是推动制造业高质量发展的主体力量。运用市场化、法治化手段稳步推进制造业企业优胜劣汰，深入推进去产能，抓住处置"僵尸企业"这个"牛鼻子"，积极探讨有效的债务处置方式，制定退出实施办法，将资源优化配置到更有效率的行业和领域，提升经济运行效率，促进新技术、新组织形式、新产业集群形成和发展。加快清理废除妨碍统一市场和公平竞争的各种规定和做法，推进影响制造业发展的能源、劳动力、土地等要素价格的市场化改革，促进资源要素自由流动，使市场真正对资源配置起决定性作用。

加大对中小企业创新的支持力度，形成有效创新激励机制。德国在关键装备与核心零部件，以及生产过程与生产系统两个环节上具有十分明显的技术优势，这主要得益于以中小企业为核心的隐形冠军企业。德国的隐形冠军企业众多，它们规模都不大，但却拥有高水平的研发能力与技术创新能力，在各自领域占领着很高的市场份额，这些中小企业的出口占据了德国出口总量的70%，销售回报率平均超过德国一般企业的2倍。美国统计数据显示，中小企业每投入1美元的研发资金所创造的成果平均是大企业的10倍。中小企业（主要是民营企业）的创新效率优于大企业。我国大量中小企业正在向高新技术产业进军，创造出了许多让人惊叹的奇迹。华为、百度、腾讯、阿里巴巴、大疆、中星微电子、三一重工等从事信息技术和高端装备制造的大型企业，都是从小企业发展起来的，现在的它们已经成为行业的领军企业。我国创业板中中小企业占95%以上，这些企业在战略性产业的成功布局不仅为企业自身带来了丰厚的利润，也极大提升了我国在制造业的国际影响力。世界上生产装机功率最大的潮汐能发电机组、高铁刹车片、核用翅片换热管等，均是民营科技企业的创新成果，不仅打破了国外公司垄断，填补了国内空白，降低了市场售价，提高了竞争力，更重要的是保障了国家战略安全。对此，需全面落实习近平总书记在民营企业座谈会上提出的六条政策举措，建立亲清新型政商关系，持续优化民营企业发展环境。

打造优质营商环境，是推动制造业高质量发展的基石。要持续深化"放管服"改革，进一步削减不合理的前置审批和许可，减少工业产品生产许可证和产品强制性认证种类，缩短商标专利审查周期，降低制度性交易成本，落实好各项减税降费政策，加强知识产权保护与运用，培育真正有利于制造业整体进步的良性创新环境，更好服务经济社会持续健康发展。加强市场预期引导。面对经济下行压力加大的局面，企业家预期趋于谨慎，进一步影响了投资和消费积极性。政府要积极引导市场预期，强化逆周期调节，继续实施积极的财政政策和稳健的货币政策，并适时预调微调，稳定市场总需求；在"巩固、增强、提升、畅通"上下功夫，促进制造业持续健康发展。加快形成推动制造业高质量发展的指标体系、政策体系、标准体系、统计体系、绩效评价、政绩考核，创建和完善制度环境。

（二）深入实施创新驱动发展战略

国际经验表明，制造业要迈向中高端，根本上靠的是核心技术的创新突破。20 世纪以来，美国、德国、日本等国之所以长期保持制造强国的地位，根本原因就是在装备、材料、信息、生物等关键领域的核心技术上始终保持领先。推动制造业高质量发展，要抓住创新这个"牛鼻子"。创新是制造业转型升级的重要引擎。要深入实施创新驱动发展战略，增强企业创新能力，提升中国在全球制造业分工中的国际地位和科技实力。

一是进一步加大科技投入，发挥举国体制优势。应该进一步通过普惠的财税政策和考评机制激励和倒逼企业特别是国有企业加大研发投入，久久为功，不断夯实持续发展能力和核心竞争力。针对我国在众多领域核心关键技术"卡脖子"问题，迫切需要打破高校、科研院所和企业之间的体制机制障碍，畅通各类创新资源自由流动的通道，健全以需求为导向、企业为主体的产学研一体化创新机制，鼓励和支持企业牵头实施重大科技项目。科技资源的配置要充分发挥举国体制的优势。新型举国科技创新体制就是在社会主义市场经济条件下，充分发挥集中力量办大事的体制优势，聚焦国家一些基础性、全局性、战略性、安全性的重大科技创新需求，做好战略顶层设计和体系化技术布局，抓紧布局国家实验室，重组国家重点实验室体系。上下联动、左右协同，跨界融合、资源重塑，集聚产学研用精锐力量，为夯实科技创新根基和破解"卡脖子"核心关键技术瓶颈做出战略性安排。注意避免两种倾向：一是"一窝蜂"，特别在重大设备引进和平台建设上应更好地统筹安排；二是部门化、各自为战，要整合协调，避免造成严重浪费。例如不同的部门都在搞创新中心，应予以系统化设计。同时，要强化中央对地方的实质性指导，防止出现"帽子空中飘"的现象。

二是深化科技体制改革，提高科技资源配置效率。我国的科技体制仍存在一定程度的"官本位"思维，影响了科技资源的合理配置。做科研的希望有行政职务，科技官员又希望有学界头衔，这是我国科技体制的怪状也是制约我国科技创新能力提升的因素之一。需要从体制上理顺"商、官、学"的关系。科技创新的体制机制不够顺畅，把科研院所等同于一般的事业单位进行管理，在分配、兼职管理等方面制约了科研院所的创新积极性。目前我国的科技人才不少，但大量集中于国有科研院所，受传统人事管理、项目管理等体制机制制约，科研效率不高，成果转化不足。对此，一是应进一步推动科研院所改革，保留"国家队"，主要从事基础研究和重大攻关等社会其他力量不愿意、也没有能力完成的工作，对此，国家在资金等方面相应予以最充分的保障。同时将大多数科研院所转为以市场为导向的企业，通过市场竞争提高科研的应用能力和成果转化效率。二是打破国有研究机构一门独大、成果自我循环的低效状态，调动社会各界的科研和创新热情，充分利用我国经济转型升级和社会资金充裕的有利条件，鼓励社会资本进入研发领域，推动融资、科研、人才等机制的全面创新，实现科研的多点开花和成果的及时转化。

三是打通创新链、产业链与资金链的通道，推动科技成果转化。提高科技成果转化率是实现科技与经济社会发展深度融合关键的"最后一公里"。当前制约我国科技成果转移转化的因素众多，归纳起来主要应在如下三个方面着力：一是提高科技成果本身质量。当前我国专利数量很多，但质量还不够高，应用价值不大。有些应用性的科研项目立项与实际产业需求之间不匹配，甚至滞后于产业发展，使得科研成果没有用武之地，造成人力、物力资源的较大浪费。二是科技成果的产权界定要进一步明晰。不明晰影响了科技成果转化的积极性。随着《促进科技成果转化法》的修订，科技成果的处置权、使用权和收益权下放了，但科技成果的国有资产属性定位尚不够明确，使得国有单位领导担心国有资产流失而不敢决策并承担责任，从而影响了科技成果转化。西南交大试点了专利实施混合所有制改革，进行了很好的探索，值得借鉴和推广。三是增强法规政策之间的协同性，让好的科技政策落实好。需要打通纪检监察、财政、审计、税务等部门执行政策的有效衔接，避免因执行政策

"打架"造成创新激励政策落实不到位。为释放一大批具有科技成果转化能力的科技创业人员的热情，需要冲破体制机制的束缚，国务院下发了系列文件，鼓励和奖励科研人员离岗创业。但在现实中，这些文件与人社部等相关部门发布的相关文件规定是相冲突的，无法衔接。例如，按照《关于建立机关事业单位防治"吃空饷"问题长效机制的指导意见》规定，离岗创业的高校、科研院所等事业单位科研人员就属于"吃空饷"行为；又如按照《有关人民团体、事业单位中相当于县（处）级以上党员领导干部违规兼职取酬问题的规定》，相当一部分属于"事业单位中相当于县（处）级以上党员领导干部"的科技人员不能在各种类型的企业（公司）、个体经济组织以及营利性的事业单位和民办非企业单位中兼职取酬。再如，修订后的《促进科技成果转化法》，重申国家设立的研究开发机构对其持有的科技成果，"可以自主决定转让、许可或者作价投资"。但 2011 年启动的事业单位分类改革提出："公益一类事业单位一律不得对外投资"。部分被划入公益一类事业单位的科研院所及其科研人员，对能否继续以科技成果作价投资、能否继续持有企业股权等信心不足。我国目前有些地区采取了一些变通做法，如上海市规定，对属于科学研究、文博科普、文体场馆、文学艺术等公益一类事业单位，考虑到其所办企业较多是为了推进科技成果转化应用、延伸对外公共服务等需要，按照"一事一议"和"从严从紧"的原则，按规定程序报经批准后予以保留。因此，为大力推进科技成果转化，需要国家层面进行认真梳理，归并管理，增强政策之间的协同性，最终释放政策红利，推动科技与经济发展的深度融合。

四是构建开放、协同、高效的共性技术研发平台。共性技术是指在许多产业中具有多种用途的非专有的通用技术。共性技术是产业链优势的重要来源，是推动我国制造业高质量发展的关键。共性技术不仅可降低专有技术研发风险、缩短企业专有技术研发周期，促进企业技术开发，而且可以带动相关技术和相关产业的发展，提升经济整体竞争力。20 世纪 80 年代，日本企业在掌握动态随机存取存储共性技术后，一方面，通过与其他半导体技术的融合带动了相关半导体设备的发展；另一方面，由于半导体技术和产品的开发和应用，又带动了日本消费电子等下游工业的发展。以共性技术创新能力提升为基础的新技术群和新产品群的开发促进形成了日本在电子产业链的整体优势，这是日本在短时期内赶超美国成为电子强国的主要原因。共性技术研发是一项需要长期坚持的基础性工作，其开发成本高，具有很强的共享性、关联性和外部性，导致共性技术供给"市场失灵"，造成了产业共性技术缺乏，影响了国家产业安全和产业的可持续发展。国际和国内经验表明，依靠政府、高校科研院所或者企业任何一种组织的力量来单独进行共性技术的研发，实力和能力都不足。只有联合政府、企业、高校、科研院所等共性技术开发主体的力量，优势互补、高效整合各方人才、技术、资金和科研基础设施，才可以更有效地进行产业共性技术的开发。全球比较典型的共性技术研发平台有美国的国家标准与技术研究院、欧盟的框架计划和尤里卡计划、德国的弗劳恩霍夫应用研究促进协会、英国的能源技术研究院以及日本的产业技术综合研究所等。这些共性技术研究平台的重点研究领域大多集中在高新技术产业，包括新能源与节能技术、电子信息技术、生物与医药技术、新材料技术、资源与环境技术和先进制造技术。科技部在 2017 年年底发布的《国家技术创新中心建设工作指引》指出，未来将加快推进国家技术创新中心建设，优化国家科研基地布局。国家技术创新中心以产业前沿引领技术和关键共性技术研发与应用为核心，加强应用基础研究，协同推进现代工程技术和颠覆性技术创新，打造创新资源集聚、组织运行开放、治理结构多元的综合性产业技术创新平台。要制定相关政策支持共性技术研发。

（三）推动先进制造业和现代服务业深度融合

推动先进制造业和现代服务业深度融合，是推动制造业高质量发展的关键性要素。先进制造业是指将先进技术、先进制造模式和管理模式综合应用于包括研发、设计、加工、检测、服务等为一体的制造全价值链的制造业。先进制造业的最大特征是信息化、数字化、智能化、柔性化和绿色化。在全球化、信息化、数字化和智能化的推动下，制造业服务化、服务业制造化趋势明显。数据显示，美国制造与服务融合型的企业占制造企业总数的 58%，芬兰、马来西亚、荷兰、比利时这一比例分别是 51%、45%、40%、37%。[①] 越来越多的企业开始从提供产品向提供全

---

① 刘佳、代明、易顺:《先进制造业与现代服务业融合：实现机理及路径选择》,《学习与实践》2014 年第 6 期。

生命周期管理转变、从提供设备向提供系统解决方案转变。2012年科技部发布的《现代服务业科技发展"十二五"专项规划》将现代服务业界定为：以现代科学技术特别是信息网络技术为主要支撑，建立在新的商业模式、服务方式和管理方法基础上的服务产业。它既包括随着技术发展而产生的新兴服务业态，也包括运用现代技术对传统服务业的改造和提升。现代服务业包括生产性服务业、新兴服务业和科技服务业。生产性服务业是基于信息网络、直接或间接为生产过程提供配套服务、高度依赖先进科技的服务行业。新兴服务业是伴随着信息网络技术的发展、社会分工的细化和消费结构的升级而产生的新的服务形态。科技服务业是基于信息网络、运用现代科技知识、现代技术和分析方法，向社会提供智力服务和支撑的产业。在这三类现代服务业中，生产性服务业与制造业关系最为密切，也是推动先进制造业与现代服务业深度融合最为重要的领域。因此，应大力发展与制造业紧密相关的生产性服务业，促进生产型制造向服务型制造转变，推动服务功能区和服务平台建设，近年来，大数据、云计算、物联网、移动互联网、人工智能等新一代信息技术的快速突破和广泛应用，促进智能制造、创新设计等新的制造模式以及服务外包、电子商务、移动支付等新的商业模式快速发展，极大地促进了制造业与服务业的融合发展。要把握好这一机遇，推动互联网、大数据、人工智能和实体经济深度融合，加强先进信息技术在制造业领域的应用，促进制造业延伸发展，发展软件、信息服务、智慧城市、电子商务等现代服务业，促进产业智慧升级。为了促进先进制造业和现代服务业深度融合，工信部等部门 2016 年联合下发了《发展服务型制造专项行动指南》，提出重点支持创新设计、定制化服务、供应链管理、网络化协同制造、服务外包、智能服务、金融支持服务、信息增值服务、系统解决方案、全生命周期管理 10 种服务型制造典型模式。

推动先进制造业和现代服务业深度融合，首先，要改变观念，认清产业融合发展之大势，打破产业界限，构建产业融合发展的政策体系，消除当前制造业与服务业在科技、税收、要素价格之间的差异；其次，要发挥投资关键作用，加大制造业技术改造和设备更新，加快 5G 商用步伐，加强人工智能、工业互联网、物联网等新型基础设施建设，为先进制造业和现代服务业深入融合奠定技术和市场基础；最后，要放宽服务业特别是生产性服务业市场准入，营造各类资本公平竞争的市场环境，打破行业垄断、地方保护等隐性壁垒，推动先进服务业发展。

（四）完善教育体系，提高制造业人才素质

德勤公司和美国竞争力委员会编制的《全球制造业竞争力指数》报告一直将人才列为全球制造业竞争力最重要的驱动因素。具体包含了科学家、研究人员、工程师和技术工人的素质及可得性。因此，要实现制造业高质量发展，必须深化教育体制改革，优化人才结构，不断提升劳动者素质，充分利用人力资源质量红利。传统制造强国都十分重视工程技术人才的培养。美国既依托一批世界一流的高等教育机构培养了专业技术人才和大批科技创

新人才，也注重以社区学院作为突出特色，培养中等层次工程技术人才，并作为进入高等层次院校的桥梁，因而成为最富创造力的制造强国。高素质的技术工人和工程技术专业人才历来被看作是德国经济发展的支柱，是"德国制造"产品的质量保障。旨在培养专业技术工人的"双元制"（双元指学校和企业）职业教育，具有明显的综合性、包容性和层次性，在德国社会发展中承担着重要的角色，并形成了一套相对完备而且不断调整的法规体系，保障了以"双元制"为主要特征的职业教育长期稳定的发展。学徒不仅要在生产车间里跟随师傅学习实用技术，还要到学校里学习必要的理论知识。在德国，每年约计60万年轻人接受"双元制"职业教育，约占同龄人数的三分之二。澳大利亚根据本国国情选择了一条由政府主导、行业企业积极参与、以技术和继续教育学院（TAFE，Technical and Further Education）学院为主体的公办职业技术教育的发展道路。注重国家政策支持如美国的大学生实习制度，注重企业深度参与如日本政府—学校—产业的分工协同集成模式，且各制造强国均构建了中等职业教育和高等职业教育、职业教育和普通教育、学历资格和职业资格之间的转换和衔接机制，都很值得参考借鉴。[1]

（陈宇学：中央党校（国家行政学院）经济学部教授）

---

[1]　孙玉清：《中国制造2025与制造业人才发展》，教育部网站：http://www.moe.gov.cn/jyb_xwfb/xw_fbh/moe_2069/xwfbh_2017n/xwfb_170214/170214_sfcl/201702/t20170214_296159.html。

第 七 章

扎实推进乡村振兴战略

在 2018 年 9 月 22 日召开的中央政治局第八次集体学习会上，习近平总书记指出，要把实施乡村振兴战略作为新时代"三农"工作总抓手。在参加 2019 年全国"两会"河南代表团审议时，习近平总书记再次提出，实施乡村振兴战略，要扛稳粮食安全这个重任；要推进农业供给侧结构性改革；要树牢绿色发展理念；要补齐农村基础设施这个短板；要夯实乡村治理这个根基；要用好深化改革这个法宝。乡村振兴不仅是建设现代化国家的重要任务，也在很大程度上决定"中国梦"的成色。实施乡村振兴战略将是未来"三农"领域理论创新、决策制定、政策实施、政府工作的基本方位。为此，我们需要深刻理解乡村振兴战略提出的时代背景，深入剖析当前实施乡村振兴战略的难点问题，牢牢把握实施乡村振兴战略的关键举措。

一、把握推进乡村振兴战略的历史方位

小农经济基础薄弱、乡村治理失序、以工业和城市为中心

的城乡关系，是导致乡村衰败的主要原因，也是乡村振兴面临的主要制约。当前，中国的"三农"都在经历着历史性演变：农业发生的结构变迁、农村发生类型分化、农民发生代际分化，这些变化都为破解制约因素、实现乡村振兴带来了机遇与挑战。

（一）农业的结构变迁

经济结构的变迁带来了人地关系的变化，使得农业相对要素价格随之变化，并引致农业发展模式的历史性转折——即从依靠"过密化"劳动力投入提高土地生产率的传统农业模式转向通过资本和机械化投入提高劳动生产率的现代农业模式（虽然总体上农业劳动力的密集度仍然较高）。伴随农业的这一历史转型，农业要素投入结构、农业经营主体结构、农户结构、土地经营权属结构、农产品生产结构、农业功能结构都在发生重大变化。

第一，农业要素投入结构的变化。随着劳动力价格的快速上涨，农业机械等代替劳动的生产要素投入比例增大。2004 年以后，受中央政府出台的农机补贴政策等因素影响，农业机械化进程加快，农户家庭基本采取了减少劳动力投入、增加机械和资本投入的策略。新世纪以来，每亩耕地用工数量下降了 60%，各类农业机械的使用量迅速增长，基本保持了年均 6% 左右的增长率。

第二，农业经营主体结构的变化。近年来，农业经营主体除了家庭经营外，也出现了专业合作社、企业以及其他类型。从耕地流转数据来看，2014 年，在耕地流入一方中，农户占流入

主体的比例为 58%，而流入专业合作社和企业的比例分别达到
21.8%和 9.68%，其他主体则占到将近 10.17%。这说明，尽管
农户仍是主要的经营主体，中国的农业经营开始向多元化经营主
体的方向发展。

第三，农户结构的变化。从四类农户的变化趋势看，纯农
业户和农业兼业户的比例有所下降，非农业兼业户和非农业户
比例则有所上升。到 2016 年，纯农户仅占 18.3%，非农户占
15.9%，农业兼业户和非农业兼业户分别占 30.1%和 35.7%。①
不同类型农户实际经营的土地规模和农业经营绩效的差距在拉
大。纯农户的平均经营规模、劳动生产率和土地生产率都要显著
高于另外三类农户，专业化带来了效率提升。

第四，土地经营权属结构的变化。随着更活跃的城乡迁
移，土地流转成为农业经营者扩展经营规模的重要方式。20 世
纪 90 年代以前，土地流转的比例非常低，1984—1992 年，仅
有 1.99%的农户流转了部分土地。到 2016 年时，农户承包地流
转率为 35.1%，流转承包地规模已达到 4.47 亿亩，是 2010 年的
2.39 倍。②

第五，农产品生产结构的变化。伴随农业以外的经济发展
和人均收入的提高，城乡居民食物消费习惯正在发生变化，粮食
消费占食品消费的比例迅速下降，而果蔬、肉食等高价值农产品

---

① 刘守英：《从乡土中国到城乡中国——中国转型的乡村变迁视角》，《管理
世界》2018 年第 10 期。

② 《2017 中国统计年鉴》。

在食品消费中的比例迅速上升，食品消费结构与东亚发达国家和地区趋同，并因此带来农业生产结构的变化和农民经营收入的提升，即发生了所谓的隐性农业革命。[①]

第六，农业功能结构的变化。当前，农业已经开始从过去功能定位单一的粮食农业拓展到健康农业、特色农业、生态农业、休闲农业等强调农业多功能性、复合型发展的模式。农业的功能变化本质上是城乡互动加深的结果。一方面，很多乡村产业的复活和壮大是对于城市需求拉动反应增强的结果；另一方面，新技术革命和商业模式发展降低了交易费用，帮助很多乡村的特色农产品和手工制品等完成市场突破，从而为不发达地区开辟出一些非常有生机的产业。

（二）农村的类型分化

在城镇化的背景下，不仅农民与土地的黏度发生变化，而且农民与村庄的黏度也发生了变化。一方面，村庄数量大幅减少，1985 年时全国行政村数量为 94.1 万个，到 2016 年时减少到52.6 万个。另一方面，村庄分化加剧，一部分村庄面临着活化机遇，但多数村庄呈现人走村衰面貌。[②] 根据《国家乡村振兴战略规划（2018—2022)》的分类，我国的乡村可大致分为集聚提升类村庄、城郊融合类村庄、特色保护类村庄、拆迁撤并类村庄。

---

① 黄宗智：《中国的隐性农业革命》，法律出版社 2010 年版。
② 刘守英：《城乡中国的土地问题》，《北京大学学报》（哲学社会科学版）2018 年第 3 期。

"集聚提升类村庄"是现有规模较大的中心村和其他仍将存续的一般村庄，占乡村类型的大多数，是乡村振兴的重点。这类村庄应在原有规模基础上有序推进改造提升，激活产业、优化环境、提振人气、增添活力，保护保留乡村风貌，建设宜居宜业的美丽村庄。鼓励发挥自身比较优势，强化主导产业支撑，支持农业、工贸、休闲服务等专业化村庄发展。加强海岛村庄、国有农场及林场规划建设，改善生产生活条件。

"城郊融合类村庄"是指城市近郊区以及县城城关镇所在地的村庄，具备成为城市后花园的优势，也具有向城市转型的条件。这类村庄应综合考虑工业化、城镇化和村庄自身发展需要，加快城乡产业融合发展、基础设施互联互通、公共服务共建共享，在形态上保留乡村风貌，在治理上体现城市水平，逐步强化服务城市发展、承接城市功能外溢、满足城市消费需求能力，为城乡融合发展提供实践经验。

"特色保护类村庄"是指历史文化名村、传统村落、少数民族特色村寨、特色景观旅游名村等自然历史文化特色资源丰富的村庄，是彰显和传承中华优秀传统文化的重要载体。对于这类村庄，应努力保持村庄的完整性、真实性和延续性。切实保护村庄的传统选址、格局、风貌以及自然和田园景观等整体空间形态与环境，全面保护文物古迹、历史建筑、传统民居等传统建筑。尊重原住居民生活形态和传统习惯，加快改善村庄基础设施和公共环境，合理利用村庄特色资源，发展乡村旅游和特色产业，形成特色资源保护与村庄发展的良性互促机制。

　　"拆迁撤并类村庄"是指位于生存条件恶劣、生态环境脆弱、自然灾害频发等地区的村庄，因重大项目建设需要搬迁的村庄，以及人口流失特别严重的村庄。这类村庄可通过易地扶贫搬迁、生态宜居搬迁、农村集聚发展搬迁等方式，实施村庄搬迁撤并，统筹解决村民生计、生态保护等问题。拟搬迁撤并的村庄，严格限制新建、扩建活动，统筹考虑拟迁入或新建村庄的基础设施和公共服务设施建设。坚持村庄搬迁撤并与新型城镇化、农业现代化相结合，依托适宜区域进行安置，避免新建孤立的村落式移民社区。搬迁撤并后的村庄原址，因地制宜复垦或还绿，增加乡村生产生态空间。农村居民点迁建和村庄撤并，必须尊重农民意愿并经村民会议同意，不得强制农民搬迁和集中上楼。

　　总体来看，类似"城郊融合类村庄"，未来基本会在城市扩张过程中"融入城市"，成为城市的一部分；其他类型的存在将有一批可能发展成为城乡之间的过渡地带，这些地区也会成为整个城乡中国的人口、资本和土地等要素最活跃的区域。多数村庄属于传统农区，这些村庄中的一些已经呈现出复兴的可能性，它们具有一些特征，例如具有很好的历史和文化记忆；能够提供独特、优质、健康的产品；拥有好的带头人；能够实现现代农业发展的乡村，等等。但是不可回避的是，很多传统农区的村落在相当长一段时期内将处于"衰而未亡"状态，面临破败和消亡的结局。

（三）农民的代际分化

近年来，随着 80 后、90 后出生的"农二代"开始成为农村劳动力的主力军，他们在经济社会行为方面体现出一系列显著的代际变化，对未来的农业、村庄以及整个乡村现代化走向将产生重要影响。

首先是在经济特征上明显体现出期望更好地融入城市经济的倾向。一是较之农一代，农二代对工作类型与职业的重视超过单纯的现金收入。诸如扩大阅历、积累经验、提高素质、学习技能，甚至工作本身有趣等都成为职业选择的参考因素。二是农二代在人力资本积累方式上也表现出很大的差异。农二代的受教育年限更高，其人力资本和社会资本积累主要在城市完成，他们更多地借助社会关系等资源以及信息化手段寻找工作，更具有学习意识，同时获得培训的比例也远高于农一代。三是与农业经济活动的关系疏远。农二代在务农经验方面远远少于农一代，90%的新生代农民工没有从事过任何农业生产劳动。

其次是在社会特征上体现出很强的入城不回村倾向。一是在迁移模式上，农二代不仅一如既往地离土出村，而且更多选择跨省流动、前往东部地区以及大城市务工经商。二是农二代对家庭生活更重视，更多采取举家进城的迁移方式。三是农二代的购房意愿也比农一代高出很多，而且在城里购房的比例远高于在乡下建房的比例。四是农二代更重视下一代教育，以期增强代际社会流动性。无论是居家迁移还是在城里购房，主要目的是为了下一代教育，一些买不起房的家庭甚至在县城租房陪读。与农一代出外打工挣钱、孩子留守乡村的模式相比，农二代在通过自己的努力减低家庭分割对孩子教育的伤害。最后是在文化价值观方面普遍对城市价值更为认同。

二、推进乡村振兴战略的制约因素

无论是历史上还是在当前，乡村的发展振兴都面临着各式各样的制约因素。综合起来分析，这些制约乡村振兴的因素可以归结为三个主要方面：一是小规模农业经济条件下农业基础竞争力薄弱；二是乡村社会未找到有效的治理结构和秩序；三是农业农村发展以工业化和城镇化为中心。

（一）小规模农业经济条件下农业基础竞争力薄弱

产业兴旺是乡村振兴的基础，没有产业兴旺，乡村振兴就成为无本之木。然而，在小农经济条件下，农业的基础竞争力天然地薄弱，成为制约乡村发展振兴的一个重要因素。

小农经济是以家庭为单位、生产资料个体所有制为基础，完全或主要依靠自己劳动，耕种自有或租赁的土地，同时与家庭手工业相结合，以满足自身消费为主的小规模农业经济。我国当前的农业组织形式虽然已经不再是标准意义上的小农经济，但仍保留了小农经济的一些特点。小农经济最为突出的特点，就是在劳动力使用上的"过密化"。① 所谓"过密化"就是指家庭农场因为耕地面积小，为了维持生活而不得不在劳动力边际回报降低的情况下继续投入劳动力，以期增加小农农场总的产出；而劳动力边际回报越低，家庭农场则只能投入更多的劳动力，使得农业经济越来越不经济，最终结果是形成了很高的土地生产率（总产出）和很低的劳动生产率（人均产出），也就是"没有发展的增长"。小农经济生产方式虽然落后，但生命力极强，千百年来，它在承载了中国农耕文明和乡土文化的同时，也阻碍着现代农业生产要素的进入，排斥着规模化雇佣式农业经营方式。

在传统社会，小农经营方式当然占据主导地位。到了近代，即便遭到近代工业的强烈冲击，耕织结合的小农经营方式仍旧持续。到了集体化时期，家庭农场虽然让位于集体化生产，但农业和副业仍然紧密结合（除了在政治运动激烈的少数时期），集体生产制度不仅没有消除"过密化"倾向，反而进一步对其加以强化，由于集体单位在人口快速增长的同时不能解雇过剩的劳动力，为了维持生存会不断地增加劳动力投入，化肥、农药、育种等节约土地的技术以及机械、电泵等节约劳动的技术虽然被推广使用，但效果主要是促进了农作物复种指数的提高和农业总产量的增加，劳动生产率仍然没有明显提高，农业报酬仅能维持生存。

---

① 黄宗智：《华北的小农经济与社会变迁》，法律出版社 2013 年版。

直到改革开放后，特别是乡镇企业蓬勃发展起来之后，伴随着大量农业剩余劳动力进入非农产业，农业"过密化"的生产方式才开始转变。"去过密化"在 20 世纪 90 年代的离土又离村的"打工潮"兴起后更加突出地体现出来，并成为一种确定性趋势。但是，庞大的人口规模和有限的耕地数量使得在农业生产中对劳动的使用依然十分密集。截至 2015 年，中国农业就业人员有 21919 万，共有农户 2.3 亿户，每个农业劳动力平均经营耕地面积仅 9.24 亩，户均耕地面积约 8 亩，每个地块平均不足 1 亩。①

伴随着工业化和城镇化对劳动力的吸纳，农业中的劳动力从无限供给转变为有限剩余，使得劳动力的成本开始快速提高。从 2001 年到 2015 年，中国的主要农产品玉米、稻谷、小麦、大豆、棉花的人工成本增幅分别为 256.71%、230.27%、261.57%、172.46%、336.07%，在上述每种农产品的成本中，人工成本占比在 2015 年分别为 43.25%、42.31%、37.02%、31.89%、60.64%。人工成本增速过快和人工成本在总成本中占比过高，是导致中国农产品的总体成本过高，农业生产迈入"高成本"时代的最重要原因。2015 年，中国玉米、稻谷、小麦、大豆、棉花等主要农产品亩均总成本分别为 1083.72 元、1202.12 元、984.30 元、674.71 元、2288.44 元，分别比美国高出 56.05%、20.82%、210.42%、38.44%、222.84%，平均出售

---

① 资料来源：《中国统计年鉴》。

价格分别比美国高出 109.91%、50.89%、98.69%、102.78%、44.57%。[①] 中国农业生产效率与国际竞争力相对下降，来自美国及世界农产品进口增加，造成"国粮入库，洋粮入市"，危及粮食安全。

除了传统农产品之外，以肉、蛋、果、蔬为主的"新农业"生产领域，小农经营方式也遇到难题。由于"新农业"相对于传统农产品更加不易储存，面对的是更加松散的市场和更加剧烈的价格波动，因此在进入市场时普遍采取的是"农户 + 中间商"的订单式农业方式。在缺乏组织化条件下，分散的小农户在面对中间商和龙头企业时，必然处于不利谈判地位。在订单农业模式下，小农户的农产品收购价常常被压低，并承担了大部分的经营风险，利益受损的情况十分普遍。

（二）乡村社会未找到有效的治理结构和秩序

乡村在国家治理中居于中心位置，对于中国这样一个人口巨量且疆土广域的国家尤其如此。在历史长河中，中国既积累了治理乡土社会的制度和秩序传统，也进行了向现代国家治理转型的曲折探索。百年来虽然尝试了很多不同的乡村治理方式，但乡村社会始终未找到有效的治理结构和秩序（如表 7-1 所示）。

[①]　张云华：《中美农业基础竞争力对比与建议》，《中国经济时报》2017 年 5 月 10 日。

表 7-1   近代以来中国乡村治理的演变 ①

时期	国家目标	治理秩序		治理方式		治理绩效	
		正式制度	非正式制度	提取	给予	成本	收益
传统社会时期	征收农业税收和徭役等，维持疆域安全	----	++++	++	---	-	++
土地改革到集体化时期	提取农业经济剩余，实现国家工业化	++++	----	++++		++++	+++
农村改革到城乡统筹时期	改革国家提取体制，以乡镇政权和村级自治维持乡村治理	+++	---	+++	-	+++	+++
城乡统筹时期	以工促农、以城带乡，构建城乡统筹的政策体系	++	--	+	++++	++	+

注："+"表示强，"-"表示弱，"+"的数量越多表示越强，"-"的数量越多表示越弱。

传统乡土社会时期。国家治理乡村的主要目标是获取税赋和实现疆域稳定。乡村秩序主要依赖乡绅治理，非正式制度强于正式制度的作用。非正式制度主导乡土社会的秩序，正式制度对乡村的控制相对较弱。

土地改革到集体化时期。国家对乡村的目标除了传统的征收税赋，还追加了国家工业化积累的资本形成。正式制度强势建立，非正式制度被强力消除。在正式制度形成的强控制秩序下，国家通过集体组织和其代理人实现对乡村人、财、物的控制与提取。集体化时期乡村家庭微观基础解体，非正式制度几乎完全被

---

① 刘守英：《中国乡村治理的制度与秩序演变》，《农业经济问题》2018 年第9 期。

正式制度取代，形成超强的计划控制秩序。从秩序演化看，强控制秩序的成本上升，收益下降。

农村改革到 2002 年开启城乡统筹时期。伴随农村改革，国家治理乡村的正式制度发生改变，家庭经营制度取代集体经营制度，乡镇政权取代人民公社，村民自治取代村庄集体治理。国家对乡村的提取有所减弱，但是作为乡村治理中枢的乡镇政权与农民的关系开始紧张，由于国家施加对乡村的控制以及乡镇各种任务的完成继续依托村级组织，村庄自治难以实施。此一阶段，正式制度的强力控制减弱，基层治理失序，非正式制度在乡村治理中的功能复归。加上这一时期农民的离土出村，正式制度主导下的控制秩序效力降低，非正式制度对乡村秩序的作用增强。

2002 年以后的城乡统筹时期。国家正式制度对乡村的治理方式发生历史性改变，税费改革和城乡统筹政策的实施，国家对乡村从提取转向给予，将乡镇和村庄干部工资和开支纳入财政，国家与乡村的紧张关系得到缓解，但是国家治理的成本大幅上升。另一方面，由于国家对乡村的投入增加及各种项目增多，乡村能人、外出精英、宗族势力介入乡村治理，营利性经纪下沉到村庄。城镇化带来农民与土地和村庄的黏度松动，正式制度与非正式制度的治理效能均面临挑战。

（三）农业农村发展以工业化和城镇化为中心

作为一个后发国家，在发展早期，要实现经济的快速起飞，必然选择走一条以工业化和城镇化为中心的发展道路，农业和农村只能处在从属的地位，为经济发展提供产品贡献、要素贡献、市场贡献和外汇贡献。以工业和城市为中心的农业农村发展战略，更多地体现在新中国成立之后的经济发展中，不平等的城乡关系是乡村衰败的重要原因。

工业化资本原始积累的来源取自于农业。为了有效地从农业中提取剩余实现工业化的资本原始积累，国家在20世纪50年代建立起了以粮食统购统销制度、人民公社制度、户籍制度为核心的城乡二元体制。有研究显示，在新中国成立之后的60年里，国家从农业中提取的资源（包括工农业产品价格剪刀差贡献、农民工廉价劳动力贡献、农村对国家建设的土地贡献）价值量约有17.3万亿元。[①] 大量农业剩余的转移为工业化奠定了基础，也带来了严重的农村贫困。

城市周期性经济危机成本的转嫁对象是农村。在城市进行工业化建设的过程中，会周期性地爆发经济危机，周期性经济危机的重要表现形式就是失业危机，如果失业在城市发生硬着陆，将给社会带来巨大的成本和风险。因此，每当城市失业危机发生时，农村都以其"劳动力蓄水池"的功能成为消化危机成本的载体。几十年来，通过民工清退、上山下乡、农民工返乡等方式，使国家度过了多次失业危机[②]，而农村也因此承受并消化着由此形成的"过密化"成本。

---

① 孔祥智：《新中国成立60年来农民对国家建设的贡献分析》，《教学与研究》2009年第8期。

② 温铁军：《八次危机》，东方出版社2013年版。

城乡二元制度体系造成了城乡发展权利的不平等。在改革开放前，为了支持重工业优先发展的战略，国家建立了以粮食统购统销制度、人民公社制度和户籍制度为核心的二元体制，农村成为农产品供给基地，农民失去了参与工业化的权利。改革开放之后，虽然粮食统购统销制度被取消，人民公社制度解体，但城乡二元的土地制度和户籍制度依然发挥着重要作用，使乡村通过农地非农化实现自我发展的权利和农民工的市民化权利受到严格的限制。

三、扎实推进乡村振兴战略的实施路径

乡村振兴是包括产业、人才、文化、生态、组织在内的全面振兴，但推动乡村振兴不应在所有领域平均用力，需要突出重点，尤其应抓住制约乡村振兴的关键短板。为此，要充分抓住乡村社会经济变迁过程中的机遇，应对各种挑战，着力做好构建现代化农业三大体系、加快促进小农户与现代农业有机衔接、构建现代化乡村治理体系、构建城乡融合发展的制度体系、坚决打赢脱贫攻坚战、处理好乡村振兴与新型城镇化的关系这几项工作。

（一）构建现代化农业三大体系

党的十九大报告指出，要构建现代农业产业体系、生产体系、经营体系。构建现代农业产业体系、生产体系、经营体系，

是推进农业农村现代化的重要支撑，也是实施乡村振兴战略的重要抓手。

构建现代农业产业体系，主要是调优、调高、调精农业产业，发展壮大新产业、新业态，打造农业全产业链，促进种植业、林业、畜牧业、渔业、农产品加工流通业、农业服务业转型升级和融合发展，提高农业产业的整体竞争力。一方面，要完善农业支持保护制度，主要是改革完善财政补贴政策，深化粮食收储制度和价格形成机制改革，完善农村金融保险政策和农产品贸易调控政策，保护和调动农民积极性，促进农业产业健康发展；另一方面，促进农村一、二、三产业融合发展，主要是调整优化农业产品结构、产业结构和布局结构，挖掘农业的生态价值、休闲价值、文化价值，加快发展乡村旅游等现代特色产业，延长产业链、提升价值链。

构建现代农业生产体系，主要是用现代物质装备武装农业，用现代科学技术服务农业，用现代生产方式改造农业，进一步优化农业生产中要素投入比例，提高农业基础竞争力。对此，一是持续加强农田基本建设，深入实施藏粮于地、藏粮于技战略，保护优化粮食产能，加强水利特别是农田水利建设，大规模推进土地整治、中低产田改造和高标准农田建设，全面提高农业发展的物质技术支撑水平。二是推动农业科技创新，大力发展现代种业，推进农业信息化，加快建立现代农业产业科技创新体系，加强关键技术科研攻关，推进成果转化和技术推广。三是推进农业标准化生产，突出优质、安全、绿色导向，保障农产品质量安全。四是大力发展生态循环农业，开展农业清洁生产，实现畜禽粪便、农膜、秸秆基本实现资源化利用。

构建现代农业经营体系，主要是发展多种形式适度规模经营，大力培育新型职业农民和新型经营主体，健全农业社会化服务体系，提高农业经营集约化、组织化、规模化、社会化、产业化水平。构建现代农业经营体系，一是要推进农村土地承包经营权确权登记颁证，加快"三权分置"改革，发展土地流转、土地托管、土地入股等多种形式的适度规模经营。二是积极发展农业职业教育，健全职业农民扶持制度，引导和支持种养大户、家庭农场、农民合作社、龙头企业等发展壮大，特别是要鼓励家庭农场的发展。家庭农场的平均经营规模约 200 亩，具有适度规模经济效应，同时又坚持了家庭生产经营的优势，有助于农业经济主体的稳定性和持续性，家庭农场应是当前和未来中国农业生产中主要的新型农业经营主体。[①] 三是大力发展农业产前产中产后服务业，鼓励发展"家庭农场＋社会化服务"的经营模式，积极实现小农户和现代农业发展有机衔接。

（二）加快促进小农户与现代农业有机衔接

人均一亩三分地、户均不过十亩田的小农生产方式，是我国农业发展需要长期面对的现实。据第三次全国农业普查，到 2016 年年底，全国小农户数量占农业经营户的 98.1％，小农户

---

① 杜志雄、王新志：《中国农业基本经营制度变革的理论思考》，《理论探讨》2013 年第 4 期。

农业从业人员占农业从业人员总数的 90%，小农户经营耕地面积占总耕地面积超过 70%，小农户三大谷物种植面积占全国谷物总播种面积的 80%。户均经营面积除黑龙江、吉林、内蒙古、宁夏和新疆外，其他省份都在 10 亩以下，江苏户均 3.8 亩，广东户均 2.6 亩，浙江仅为 1.3 亩。四川省平均每户地块在 10 块以上，平均每块 0.45 亩，"巴掌田、鸡窝地"非常普遍。目前，我国有 2.3 亿农户，户均土地经营规模 7.8 亩，经营耕地 10 亩以下的农户 2.1 亿户。到 2030 年我国总人口预计达 14.5 亿，彼时即使城镇化率达到 75%，仍将有 3.6 亿人口生活在农村。按 18 亿亩耕地不减少，农民人均 5 亩地，户均也才 20 亩。遑论美洲、澳洲、欧洲，即使对比目前日韩约 2 公顷的典型东亚小农国家，也尚有差距，仍将是"超小规模"的农业经营形态。

处理好发展适度规模经营和扶持小农生产的关系，是乡村振兴的重大政策问题。要坚持家庭小农生产为基础与多种形式适度规模经营为引领相协调，既要把发展规模经营确定为实现农业现代化的必由之路和前进方向，也要认清小规模农业经营仍是很长一段时间内我国农业基本经营形态的基本国情农情。一方面，要实施新型农业经营主体培育工程，培育发展家庭农场、合作社、龙头企业、社会化服务组织和农业产业化联合体，发展多种形式适度规模经营。实践中，各地通过发展多种形式的社会化服务，依托土地股份合作、土地托管、代耕代种等有效形式，在不打破家庭经营格局情况下，实行统种统收、统防统治甚至统销统结，以服务规模化弥补经营细碎化的不足，实现了农业区域化布局、专业化经营、标准化生产，进而实现了基于社会化服务的节本增效、提质增效、营销增效。另一方面，必须立足农户家庭经营的基本面，注重发挥新型农业经营主体带动作用，采取普惠性政策扶持措施，培育各类专业化市场化服务组织，提升小农生产经营组织化程度，改善小农户生产设施条件，提升小农户抗风险能力，扶持小农户拓展增收空间，着力强化服务联结，把小农生产引入现代农业发展轨道。①

（三）构建现代化乡村治理体系

要毫不动摇地坚持和加强党对农村工作的领导，强化农村基层党组织的战斗堡垒作用。要强化基层党组织对农村经济的控制力。基层党组织要扎根在经济组织中，要探索将按地域设置党支部转变为把支部建在合作社、协会、社区等组织上，建在产业链上，始终把党的毛细血管延伸到实体经济中去。应鼓励基层党组织领办合作社，党组织负责人要同时兼任集体经济组织负责人，掌握村集体的各项资源，实现党组织"实力化"。此外，还应建立以党的基层组织为载体的农村建设项目库，以项目为抓手，组织和动员农民参与美丽乡村建设和扶贫开发项目，从而确立党组织对经济发展的主导权。

要提升乡村治理的组织化程度，着力通过乡村文化的重建增强社区合作意识、合作能力。文化本来就是社区同质性的一种

---

①　韩俊：《以习近平总书记"三农"思想为根本遵循，实施好乡村振兴战略》，《管理世界》2018年第8期。

非物质承载，并且投入小、见效快，不以物质利益衡量的文化生活领域本来就是农村中最容易产生合作的领域。为此，要大力开展以能够吸纳村社成员，尤其是贫困群体参与的文化建设，通过农村文化的重建增强社区合作意识、合作能力，促进乡村社区文化价值和良性治理生态的改变，实现以德治滋养法治、涵养自治的目的。

要壮大集体经济的实力，使村集体真正具备实现乡村治理的能力。对于未到户集体资源进行全面确权，明确归属和利益分享机制，增强集体经济发展能力；推进清产核资、资产量化、确股到户的集体产权改革，确保集体资产保值增值。探索集体所有制的实现形式，创新集体资源资产的集体经营、委托经营、合作经营等多种方式，保障集体成员按份共有集体资源资产经营收益。

（四）构建城乡融合发展的制度体系

改革生产要素配置制度，促进城乡互动。随着经济发展阶段转换、消费需求升级、乡村经济活动变化，我国的城镇化已经从单向城镇化转向城乡互动。改革长期存在的城乡二元体制，促进生产要素在城乡之间的对流与配置，将为乡村振兴创造巨大机遇。

首先，要改革城乡二元的土地配置方式，保障乡村平等发展权。我国土地大规模扩张的城镇化阶段已过，具备了按照公共利益、市场价补偿、程序公开透明原则改革征地制度的条件，减少强制低价征地对农民土地权益的损害恰逢其时。城市用地可以通过土地利用结构改革，减少工业用地和基础设施用地、加大存量用地的制度创新来保障。城中村是城乡融合的重点区域，应加大城中村地区的土地制度创新，利用土地价值增值捕获实现城市更新中的资本平衡、公共土地的获得以及土地所有权利益，允许城中村农民集体利用集体土地直接提供租赁房，解决进城农民在城市的体面落脚和居住问题。在符合规划和用途管制前提下，允许集体经济组织和农民利用集体建设用地从事非农建设，使其享有出租、转让、抵押集体建设用地的权利。

其次，改革规划制度，保障乡村发展空间。按照城乡融合的空间形态，在用地类型、标准、规划编制等方面保证多功能、新产业、新业态、新形态在乡村落地。根据乡村分化与集聚、人口流动趋势，以生态韧性为重点，编制乡村振兴规划。

再次，要实现农民的城市权利。重点推动以举家迁移为主的市民化，这样既可以提高城镇化质量，又可以减少农户，进而促进农业规模化经营。具体地，要保障农二代的城市居住权。鼓励大城市农民集体利用集体土地建立房屋租赁市场，使城市保障性住房向外来务工人员及其家庭开放，降低农民工在城市落户门槛。落实农三代的城市教育权。实现公办学校向随迁子女开放，放宽随迁子女在流入地参加高考的限制。

最后，要向城市市民开放乡村权利。允许外来人口在满足一定条件后，享有村庄的住房、土地、公共事务参与等权利。鼓励城市社会资本下乡，提升乡村人力资本质量。探索在规划和用途管制前提下，实行村庄宅基地、农房和闲置空闲地对村外人和外部资本开放，实行乡村资源与外来资本的有效组合，显化乡村价值，提高资源配置效率。

（五）坚决打赢脱贫攻坚战

脱贫攻坚是决胜全面建成小康社会补短板、强弱项的重点任务，乡村振兴是决胜全面建成小康社会、全面建设社会主义现代化国家的重大历史任务，二者是内在统一的。乡村振兴，摆脱贫困是前提。打好脱贫攻坚战，本身就是实施乡村振兴战略的重要内容。就贫困地区而言，2020 年之前的乡村振兴，核心还是脱贫攻坚。必须坚持精准扶贫、精准脱贫，注重扶贫同扶志、扶智相结合，把提高脱贫质量放在首位，强化脱贫攻坚责任和监督，瞄准贫困人口精准帮扶，聚焦深度贫困地区集中发力，激发贫困人口内生动力，确保 2020 年现行标准下农村贫困人口实现脱贫，贫困县全部摘帽，解决区域性整体贫困。实施乡村振兴战略，既有利于当前加快实现脱贫目标、巩固脱贫成果，也有利于为脱贫之后从根本上改变贫困地区面貌奠定基础，必须把脱贫攻坚同实施乡村振兴战略有机结合起来。

在当前的脱贫攻坚期，关键是要处理好四个方面的突出问题：一是深度贫困问题；二是"伪贫困户"问题；三是穷而不贫问题；四是思想贫困问题。

深度贫困地区的脱贫是脱贫攻坚战中最难啃的硬骨头，习近平总书记 2017 年在山西召开深度贫困地区脱贫攻坚座谈会上强调，对深度贫困地区的脱贫，要采取超常手段，将新增的资金、项目、举措全部用于深度贫困地区，确保深度贫困地区和全国一道摆脱贫困。与深度贫困相关的概念是贫困深度，它是指贫困人口的收入水平与贫困线之间的差距，不同于贫困发生率。因此，在扶贫攻坚早期，在以最快速度降低贫困发生率的导向下，容易发生将扶贫资金全部用于"浅度贫困户"的情况，从而导致贫困发生率的下降和贫困深度的加强同时发生。在当前全国贫困人口还有 1600 多万的情况下，扶贫攻坚务必要避免只注重降低贫困发生率而忽视贫困深度问题的倾向，集中力量攻克深度贫困难题。

"伪贫困户"是指收入水平超过贫困线，但是仍然被当作贫困户识别出来予以帮扶的农户。由于扶贫项目和资金不同于一般性转移支付，在项目落地时普遍要求被帮扶的农户出配套资金，而贫困户由于出不起配套资金，经常会被扶贫机制所遗漏，造成扶农不扶贫、扶富不扶穷的现象。此外，对于一些基础设施开发类的扶贫项目，在项目完成后，只有拥有产业的富裕农户能够享受基础设施项目带来的便利，而没有产业支撑的贫困户则无法享受项目带来的好处，从而无法取得扶贫效果。下一步应更加注重因人施策，为无法付得起配套资金的农户和难以保证产业扶贫项目收益的农户提供适宜的扶贫项目。

穷而不贫是指收入水平略高于建档立卡贫困户的群众，他们在扶贫开发过程中因未被建档立卡而无法得到扶贫资源，反而在收入水平上落后于被识别出来的贫困户。导致这种现象的原因主要是现行的贫困识别机制存在较大缺陷。在以收入为核心的贫困识别机制下，自上而下的建档立卡指标分配极容易出现不均衡的问题，导致贫困识别错误率高。作为相等收入的农户，因为消费压力不同而导致实际贫困程度不同，真正贫困的农户在以收入为标准的识别机制下很可能无法被识别出来。对此，应加快研究更为科学的贫困识别机制，将消费等指标与收入指标同时纳入贫困识别机制中，使贫困户的识别更为可靠。

思想贫困是在大力扶贫开发的背景下产生的新问题。由于各级政府都立下了脱贫军令状，因而对扶贫的重视程度高，出手力度大，贫困户几乎不用自己付出努力就能够得到数量可观的帮扶资源，从而形成懈怠、懒惰等消极情绪，认为脱贫是政府的责任，从而缺乏主观能动性。治贫要先治愚、治贫必须治懒。面对这种思想贫困的现象，应加强教育引导，开展扶贫扶志行动，同时要改进扶贫方式，鼓励贫困群众参与扶贫项目，投工投劳、多劳多得。

（六）处理好乡村振兴与新型城镇化的关系

根据经济学理论，工业要靠人口的集中提高效率，农业要靠人口的减少提高效率。因此，人口总量从农村向城市转移对于乡村振兴和新型城镇化建设都是有利的。但是，在人口转移的结构上，实施乡村振兴战略提出后应有所改变。在乡村振兴战略提出前，人口的转移是人口红利进城，人口负债下乡，青壮年劳动力大量离村进城，使老弱妇孺留守在农村。在乡村振兴战略提出之后，人口转移应转变为人口红利下乡，人口负债进城。一方面，拥有高人力资本禀赋的高素质人才到农村来寻找高回报的创业就业机会；另一方面，伴随着农民工市民化机制的健全，举家迁移在农业转移人口乡城转移中的比例会出现大幅度上升，使得原来留守农村的人口负债能够与青壮年劳动力一起进入城市，实现城市和乡村发展的双赢。

乡村振兴与推进城镇化不是非此即彼的关系，而是互促共建共进、相辅相成的。从总体上看，我国仍处在人口由乡村向城市集中的阶段，农村人口外流的趋势短期不可能逆转，但今后人口回归回流农村的现象将会大量出现，农村人口持续大规模外流趋势正在放缓。乡村振兴与否，关键看人气。人口过度流失，老弱妇孺留守，乡村难以避免衰败的命运。要坚持乡村振兴与新型城镇化一起抓，两个轮子一起转，处理好"走出去""留下来"和"引回来"的关系，让进城的进得放心，留在乡村的留得安心；要创造条件让农村的产业留住人，让农村的环境留住人，让农村的机会吸引人，让农村更有人气。

（邹一南：中央党校（国家行政学院）经济学部副教授）

第 八 章

促进区域协调发展

面对新一轮全球科技革命、产业变革和治理变革的挑战与机遇，面对国内经济发展新常态的趋势和特点，面对实现中华民族伟大复兴的需要。在党的十八大之后，习近平总书记多次强调要继续实施区域协调发展战略。区域协调发展战略是在马克思主义政治经济学和习近平新时代中国特色社会主义思想指导下的区域经济研究的最新发展成果，有着深厚的理论基础和实践经验。它是新时代国家重大战略之一，是贯彻新发展理念、建设现代化经济体系的重要组成部分，是新时代国家实现更高质量、更有效率、更加公平、更可持续发展的长远大计。也是我们在今后的一段时间内，解决新时代社会主要矛盾中的"不平衡不充分"问题，实现国家治理体系和治理能力现代化和参与全球治理所要遵循的重大战略思想。

一、区域发展不协调的新趋势

自改革开放以来，经过数十年的发展，区域分化现象逐渐显现，区域间经济、城乡和结构发展不协调，无序开发与恶性竞争仍然存在，区域发展不平衡不充分问题依然比较突出。这些问题之所以长期存在，其根源在于要素禀赋存在差异化、行政权力分散、行政壁垒的存在以及矛盾协调机制的不健全等方面。

（一）我国当前区域发展不协调的主要表现

1. 区域间经济发展不协调

受环境气候、地理位置、自然资源、经济基础以及政策导向等多方面因素的影响，我国各个区域的经济发展状况存在不协调的现象。尤其是进入到经济新常态后，我国区域经济的发展面临的外部环境呈现出多样化和复杂化的特点。区域间经济发展不协调的问题，已经成为阻碍我国经济快速发展的一大障碍。

经过过去一段时期的高速增长，我国区域经济呈现出稳定发展的态势。从整体上看，虽然是"中西比东快"，但是不同板块之间区域发展的绝对差距却逐渐在拉大。由于东部地区发展基础雄厚，集聚了大量的金融资本和人力资源等关键生产要素，其发展增量始终远远领先于其他地区，仍然处在引领我国总体国民经济发展的位置。相比于东部地区，中部、东北部和西部地区的发展速度较为缓慢，经济总量占全国的比重较低，人均可支配收入低于东部地区，逐渐形成"外围"型的经济地理发展格局。

此外，我国次区域内的经济发展不协调问题也较为突出。以京津冀地区为例，该区域内各地的发展水平存在着较大差异。

北京市的第三产业比重和城市化水平均已超过 80%，经济发展已经进入到后工业化阶段，产业结构的优化程度较高，在该区域处于绝对的领先地位。天津市的经济发展水平虽然不及北京，但也处于工业化后期向后工业化阶段转型的时期，人均国内生产总值与北京亦相差不多。但是在同一区域内的河北省，却处于工业化的中期阶段，第二产业是其经济发展的主导产业，其制造业也大多处于产业链的末端，呈现出高耗能、高污染、低附加值的特点。同时，河北省的主要发展指标不仅与京津两地有较大的差距，而且在全国范围内，也是属于发展较为滞后的地区。需要特别指出的是，次区域内经济发展不平衡并非特例，而是普遍存在的一种情况。

2. 区域间城乡发展不协调

习近平总书记曾明确指出：由于欠账过多、基础薄弱，我国城乡发展不平衡不协调的矛盾依然比较突出，加快推进城乡发展一体化意义更加凸显、要求更加紧迫。

我国的实际情况也正是如此，虽然我国城镇化的整体发展水平在不断提高，但是我国区域间的城镇化发展却是不平衡的，并且城镇化的结构也不够合理。这主要体现在：首先，从城市发展的总体水平来看，东部地区城镇化的发展程度要明显高于中西部地区；其次，我国城乡要素配置不均衡，城乡公共产品供给差异较大，农村公共服务能力亟须提升。当前我国城乡的教育服务、医疗服务、社会保障、公共基础设施等基本公共服务还存在一定差距，制约了城乡的平衡发展；再次，城乡经济发展差距较大，县域经济发展不足，城镇居民人均可支配收入高于农村居民人均可支配收入，且差距呈逐年扩大的趋势。从国际通用的反映国民收入分配状况不平等程度的基尼系数来看，我国从 2003 年到 2017 年的基尼系数始终保持在 0.477 左右，超过了 0.4 的国际公认警戒线水平，说明我国长期处于全球收入不平等较为严重的国家之列，而造成这一现象的主要原因正是我国城乡居民收入差距的不断扩大。如果区域间城乡发展不协调的问题未能得到妥善的解决，我国区域发展不协调的程度就会进一步加深。

3.区域间社会发展不协调

我国区域发展不协调还表现为结构不协调。一方面，人才结构不协调。这是由于我国教育资源分配不均衡以及教育事业发展不平衡所致。教育部 2017 年发布的数据显示，2016 年全国财政性教育经费投入首次超过 3 万亿元大关，达到 31373 亿元，较上年增长了 7.36%，占国内生产总值比例为 4.22%，连续 5 年占比超过 4%。但是与丹麦（8.6%）、英国（5.8%）、法国（5.5%）、美国（4.9%）等发达国家相比仍有一定差距。同时，国内各区域的教育事业发展水平也存在较大差异。在 2016 年，我国东、中、西部地区教育经费所占比例结构为 46.7∶25.7∶27.6。可见，我国中西部地区教育事业的发展水平远低于东部地区。这就导致我国高技能、高学历和科研型人才的分布不均，进一步加剧了区域内中低端人才过剩的问题。另一方面，收入分配结构不协调。

当前我国收入分配结构是典型的"金字塔型"。2018 年 1 月发布的《中等收入群体的分布与扩大中等收入群体的战略选择》数据显示，目前我国高、中、低收入人群占总人口的比例分别是8.7%、22.7%、35%。可见，低收入人群的规模已大于高收入人群 4 倍，考虑到我国庞大的人口基数，可见这种差距的整体规模较为庞大。同时相比于高收入人群，低收入人群在社会阶层中处于较低的位置，在获取资源以及享受优惠待遇上同高收入人群存在着较大的差距，这就进一步加剧了收入分配结构的不协调。

（二）造成当前区域发展不协调的主要原因

1. 要素禀赋存在差异化

要素禀赋指在某一时点的特定空间内，资源要素的赋存状况。要素禀赋既有数量的概念也有质量的概念。就现实情况看，首先，初始要素禀赋存在差异。我国东中西部所拥有的自然资源、地理区位以及自然气候等客观条件的不同，导致这些不同区域在农业生产能力、工业布局结构、交通运输条件、市场规模大小以及对外开放程度等方面的差异，这也是造成区域发展不协调的基本原因；其次，积累要素禀赋存在差异。主要是指人才和资本等核心生产要素。但从人力资源看，在 2000—2016 年间，我国西部地区从业人员平均受教育程度与东部地区的差距，已经从1.2 年上升到 1.6 年，中部地区从业人员平均受教育程度与东部的差距，由 0.38 年上升到 0.65 年。2016 年东中西部科技人员人均经费支出比为 2.58∶1.26∶1。此外，东部地区的高学历、高技能和科技创新人员的绝对数量也要远多于中西部地区。由此可见，东部地区的人力资源优势明显要大于中西部地区。需要指出，核心生产的流动是市场的自发行为，一般情况是自由地流向发达地区。虽然可以通过政府采取行政化手段改变这些要素的分布状况，但是需要付出巨大的成本代价。最后，我国东部地区拥有发达的基础设施条件、开放的优惠政策、优裕的生产生活条件等外部因素。这深刻改变了要素禀赋的空间布局，在市场化进程差异的影响下，可以促进资源要素的自由流动和优化配置。但是这也反过来扩大了经济发展的差异，造成了区域经济发展不协调。

2. 行政权力分散

导致我国区域经济发展出现不协调的主要原因之一就是行政分权。自改革开放以来，我国不断推行分权制度改革，使更多的经济发展权力由中央政府划归到地方政府，同时也逐步向企业进行转移。中央与地方的关系处于不断博弈的状态，地方政府成为一个拥有自我主体意识的地方利益代表者，再加上由于中央与地方存在着信息不对称的情况，因此地方主政官员就获得了治理地方经济的权力。改革开放以来，中央政府开始向沿海地区的地方政府"放权让利"，营造了较为宽松的发展环境，使中央政府、地方政府和企业三者在市场中成为资源配置的主体。沿海地区的地方政府凭借着中央政府赋予的种种优惠政策和灵活措施，优先发展了地方经济。取得的经济成就为进一步发展积累了重要的政治资本，促使沿海地区政府的权力得到进一步扩大。至于中西部以及内陆地区，由于长期缺乏这种政治优势和优惠政策，其经济社会发展较之于东部地区相对滞后。再加上地方官员晋升的政绩考核制度，造成地方主政领导通常要凭借政治手段直接干预当地的经济发展活动。可见，那些优先发展起来的地区，由于在经济实力上占据绝对优势，可以享有更大的政治话语权，从而为其经济发展引进更多的资源要素。相反，那些后发展起来的地区，由于经济实力相对较弱，其政治话语权也就不足，很难主动争取到较多的资源要素。

3. 行政壁垒的存在以及矛盾协调机制的不健全

当前我国改革进入到攻坚期和深水区，区域合作中的要素和产品市场整合已进入新的阶段，然而城市间行政壁垒的存在抑制了资源的合理布局。在当前的城市合作格局上，我国的城市经济仍然按照"行政区经济"运行，在特定的城市行政边界内，发展和经济政策可以保持一致性，但在城市之间却难以实现。行政区划在短期内无法调整，且成本较高、不可持续，因此无法灵活应对以小尺度、相对精准化为特征的新型城市合作关系的要求，从而导致区域发展不协调。在区域协作的过程中，地方政府往往会追求自身利益的最大化，这就使得区域在协作过程中存在各种利益的争夺，产生各种矛盾冲突，主要体现在：对于跨区域的重大项目或者企业所带来的财政收入缺乏分享机制；产业转移税收分享机制不健全；跨区域公共物品供给缺乏成本分担机制以及利益补偿机制。区域利益矛盾协调机制不够健全，制约了城乡统筹、生产要素自由流动、基础设施共享共建和各类资源优化配置等区域发展共同目标的实现，进而严重阻碍了区域协同合作，拉大了区域发展不协调的差距。

二、实施区域协调发展的新机制

进入到新时代，中国经济从高速增长阶段转向高质量发展阶段，中国的区域发展格局发生了显著变化，区域发展战略和政策安排必然要转向更加重视协调发展。因此，建立更加有效的区域协调发展新机制就成为国家治理体系与治理能力现代化的必然要求。构建新机制的本质，就是要求要处理好非均衡性的政策激励和均衡性政策激励导向之间的关系，既要注重国家战略与政策法规的统筹，又要发挥市场在资源配置中的决定性作用，以有序竞争的方式实现区域间资源的有效配置，践行绿色发展理念，从而实现各参与主体互利共赢、共享发展成果。

（一）统筹有力

我国地域面积广阔、要素禀赋差异较大的客观现实，决定不能采取"一刀切"的区域政策。必须在准确把握国家战略方向的前提下，充分考虑不同地区的实际情况，提升政府的统筹规划能力。建立完善的区域管理制度是实现统筹有力的基础，这一制度主要涵盖了四个方面：即"谁来管""去管谁""如何管""评估管"。

1."谁来管"

"谁来管"即设置明确、统一的区域管理机构和部门。当前，我国的区域管理职能较为分散，缺乏明确、统一的区域管理机构和部门，这就会出现以下不合理现象：各地区从自身目标出发，为实现自身利益最大化，在执行区域规划和政策过程中往往会产生一定矛盾、摩擦；区域政策内容重复，执行效率不高，浪费公共资源。因此，要设置职能明确的区域政策制定部门和区域管理部门，通过制定统筹有力的规划，将各地区的发展统一起来，形成发展合力。

2."去管谁"

"去管谁"即明确进行区域管理的对象。主要做好两方面的工作：建立健全标准区域划分体系和识别问题区域框架。标准区域是制定区域规划和区域政策的基础，也是识别问题区域的参照对象。但是，标准区域划分体系建设的滞后，导致区域规划和区域政策在执行过程中效果不够显著。因此，要尽快完善标准区域划分体系的建设。同样，我国当前识别问题区域框架的建设也稍显滞后，也需要尽快去完善这一框架。

3."如何管"

"如何管"即确定合理的政策工具并规范区域规划、政策的执行程序。从国际经验看，协调区域发展有两个基本工具：区域规划和区域政策。这两个工具能否发挥重要作用，关键在于是否有一套健全、完整的法律法规体系。因此，要制定完善的法律法规，加大立法机构的参与力度，构建一套标准化和透明化的司法程序，以此来确保政策工具的有效使用。

4."评估管"

"评估管"即针对区域规划和区域政策，制定规范、明确的监督与评估制度。根据实施阶段的不同，监督和评估工作可以分为事前、事中和事后。具体看，事前主要是为了论述所指定的区域规划与区域政策的合理性；事中主要是监督在执行、落实区域规划与区域政策过程中的种种行为；事后则主要是对区域规划与区域政策的执行情况进行全面、客观的评估与测算。但是，我国当前尚未建立一套完善、科学的监督与评估机制。因此，要尽快开展这方面的工作。

（二）竞争有序

建立竞争有序机制的目的，是为了实现区域内的所有参与市场经济活动的微观主体，在开展区域内或跨区域经济生产活动时，能够进行规范、有序的市场竞争活动。同时，还要避免出现诸如无序的恶性竞争，制造壁垒进行市场封锁以及大量低端无效

的重复建设等现象。确保竞争有序主要依靠两种手段：区域规划
与区域合作。

1. 区域规划

区域规划旨在引导和规范区域内部、跨区域的各微观主体
（尤其是政府）的种种行为，从而达到避免无序竞争，加强合作
发展的目的。近几年我国相继出台的《京津冀协同发展规划纲要》
《长江经济带发展规划纲要》《粤港澳大湾区发展规划纲要》等纲
要，都明确了规定区域范围内，政府和企业以及其他相关主体实
现有序竞争的规则。但是，当前这些规划缺乏较为具体的和操作
性较强的评价、监督和管理机制。同时，区域规划的立法工作仍
未落实到位，这就无法理顺规划之间的关系，难以实现各规划之
间的统筹衔接。因此，进一步发挥区域规划的推动作用，需要做
好以下工作：第一，构建标准化区域制度，划分出多个层级的标
准区域体系，提供统一、权威的区域规划基本空间单元；第二，
加快区域规划立法工作，将区域规划纳入到法制化轨道，明确
各参与主体的权利和义务；第三，规范区域规划的制定和实施程
序，建立健全监督评价体系，并且争取尽快在区域规划的分类、
制定规范、实施程序等方面达成共识。

2. 区域合作

区域合作的两大活动主体是企业和政府，政府的作用是制定合
理的区域合作政策来强化经营、生产和竞争活动，并防止出现恶性

竞争和经济冲突的现象。区域合作政策的作用主要有：消除阻碍区域形成整体竞争优势的因素，充分发挥一个区域的现有资源与经济优势，实现区域框架内的有效资源整合，促进区域范围内各主体的分工与协作，有效地规划和实施区域内或跨区域的公共与私人合作项目，从而在竞争激烈的环境中实现各参与主体的共同发展。结合区域合作政策的定位和作用，大致可以分为三种主要形式：支持区域经济合作组织发展的政策、直接援助跨地区的合作项目和支持区域资源综合利用的政策。经济全球化大大促进了区域合作进程。在经济全球化的进程中，各主体的竞争对手，不是来自于本区域内，就是来自于国内或者国外其他区域。如果一个区域内的公共、私人与非营利机构想要提高竞争能力，实现共同发展，就必须制定出符合本区域特点的区域发展战略与政策。需要特别说明的是，自20世纪80年代以来，中央政府就区域间恶性竞争的乱象，出台了一系列通知、规定和意见，但由于缺乏明确的违规处罚机制，致使政策法规实施效果整体欠佳。因此，在制定和完善区域合作政策的同时，也要建立健全相应的监督管理和处罚机制，提高违规违法成本，确保区域合作政策的贯彻执行。

（三）绿色协调

绿色协调，即坚持生态文明的理念，实现区域的绿色发展和协调发展。究其实质，是在实现人与自然和谐的基础上促进区域协调发展。实现绿色协调发展主要是采用加快主体功能区建设和制定区域产业发展负面清单。

1. 主体功能区

加快主体功能区建设，是实施区域绿色发展的重大举措。其前身是主体功能区规划，在 2005 年颁布的《中共中央关于制定国民经济和社会发展第十一个五年规划的建议》中首次提出。2010 年 12 月颁布的《全国主体功能区规划》根据功能区的定位，对区域发展战略进行调整，逐步形成人口、经济和资源环境相协调的空间开发格局，充分体现出生态优先的发展理念。2010 年出台的《中共中央关于制定国民经济和社会发展第十二个五年规划的建议》与 2011 年颁布的《中华人民共和国国民经济和社会发展第十二个五年规划纲要》中，将主体功能区规划升级为主体功能区战略。2013 年党的十八届三中全会审议通过的《中共中央关于全面深化改革若干重大问题的决定》明确指出"坚定不移实施主体功能区制度"。由规划到战略，最后再到制度，这充分体现出主体功能区角色的转变和地位的提高。2015 年 7 月颁布的《关于贯彻实施国家主体功能区环境政策的若干意见》，明确了各功能区的重点领域，将环境评估、环境功能区与主体功能区的建设相结合，推动主体功能区环境政策的落地执行，为推动主体功能区布局奠定制度基础。2016 年颁布的《中华人民共和国国民经济和社会发展第十三个五年规划纲要》则明确指出要以主体功能区规划为基础统筹各类空间性规划，推进"多规合一"。主体功能区制度正是支撑五大发展理念中协调与绿色两大理念的具体实施举措。此外，主体功能区只是一个基本的区域划分框架，若要落到实处，还需要同相关的规划、政策实现紧密配合。

在主体功能区划分的基础上，再制定出标准区域与问题区域划分
框架，并以此为基础制定相关的区域规划与区域政策。只有这样
才能将主体功能区制度落到实处。

2. 区域产业发展负面清单

政府在推动经济发展的同时，还要兼顾到"绿水青山"，留
住这些"金山银山"。区域产业发展负面清单是一种正在积极探
索实现绿色发展的区域管理新方式，政府通过制定合理的区域产
业发展负面清单，可以有效地把绿色发展理念植入区域协调发展
战略中来，禁止不符合生态文明要求的产业在特定区域内进行布
局，从而实现从理念到实践的转变。2016 年 10 月，国家发改委
印发的《重点生态功能区产业准入负面清单编制实施办法》规定
了各类主体功能区依据资源禀赋和产业优势，实施具有地方特色
的差异性产业政策，出台重点产业布局和产业转移指导目录；探
索制定产业项目负面清单，明确限制和禁止类产业；建立健全负
面清单实施情况监督检查和问责惩戒机制；建立与重点生态功能
区动态调整、配套激励奖惩政策衔接挂钩的协调机制。通过这些
系统化、精细化的实施举措，大大加快了我国探索区域产业发展
负面清单的实践步伐。

（四）共享共赢

为实现各区域间"基本公共服务均等化、基础设施通达程
度比较均衡、人民基本生活保障水平大体相当"的协调发展目

标，确保在全国整体发展的基础上，实现各区域的发展水平与生活水平趋于平衡。需要通过建立共享共赢机制加以实现，而落到实处则主要是依靠两种办法：问题区域扶持政策和对口支援政策。

1. 问题区域扶持政策

在我国经济发展整体进入新常态后，问题区域的治理成为国家的重大战略任务，治理成效的好坏直接关系到能否实现区域协调发展和共同富裕目标的实现。总体来看，问题区域指的是落后贫穷地区、交通闭塞的边远不发达地区、产业结构和布局比较落后的地区以及老工业基地等。这些地区的基础设施缺失和基本公共服务不完善；产业基础薄弱，缺乏特色，大多数地区以农业生产或畜牧养殖为主，发展能力低；大多远离市场，资源丰富但开发程度不高，难以吸引高质量企业入驻。这些地区需要中央政府予以有针对性的政策、资金倾斜。因此，中央政府需要针对问题区域制定一个清单，并建立一套定期更新的调整管理机制。针对不同的问题区域，要制定和实施不同的政策。对于贫穷落后、交通不便的区域，施策重点要落在促使其加快从农业社会转向工业社会以及服务业社会，完善道路交通等基础设施建设，尽快实现现代化。对于产业结构和布局亟须优化的区域，施策重点要落在促使其进行产业结构与布局调整上。对于老工业基地区域，施策重点要落在帮助其通过产业转型或重构，积极引入资本、人才和现代管理理念等资源要素。

2. 对口支援政策

对口支援政策是在我国政治制度和政府管理体制下萌芽、发展并不断完善的一项具有鲜明中国特色的区域扶持政策模式。在这个模式下，发达地区对落后、自身发展能力较弱的地区，采用对口帮扶的方式，增加人力物力的援助，并给予政策、资金和项目等方面的大力支持。这种发达区域无偿帮助落后区域实现共同发展的政策，充分体现了社会主义的本质，为世界贡献了一条先富帮后富并进而逐步实现共同富裕的路径选择。需要特别指出的是，由于对口支援具有无偿的属性，往往出现重政治效果而轻经济效率的现象。因此，完善对口支援政策需要在效率与政治任务和均衡负担方面加以提高和改进。应该围绕受援区域的客观实际需要来安排支援项目，确保对口支援项目的高效率。发达地区中也存在地区发展水平的差距，财力雄厚的发达地区应该对口支援落后地区中的难点地区，而财力一般的发达地区应该对口支援落后地区中条件较好的地区，以此实现帮扶效果最大化。此外，对口支援政策不能一成不变，需要根据现实情况的变化，建立动态调整应对机制。

三、促进区域协调发展的新举措

在新时期，贯彻区域协调发展战略，必须要加强党的领导，在习近平新时代中国特色社会主义思想的指导下，实现全国一盘棋。我国将以"一带一路"建设、京津冀协同发展、长江经济带发展、粤港澳大湾区建设这四大战略为引领，以西部、东北、中部、东部四大板块为基础，促进区域间相互融通补充，建立以中心城市引领城市群发展、城市群带动区域发展的新模式，推动区域板块之间融合互动发展。

（一）强化四大板块协调发展的基础地位

自党的十六届五中全会提出"四大板块"区域发展总体战略以来，经过十几年的发展，我国已经形成了以西部开发、东北振兴、中部崛起、东部率先四大板块为基础的区域发展总体战略。这在缩小区域发展差距、统筹协调我国东中西部和南北方的区域发展等方面发挥了重要作用。进入新时代，我们仍将继续贯彻这一总体战略，充分发挥各地的比较优势，因地制宜地推进四大板块协调发展。

1.西部开发

受地理区位和自然环境等因素的影响，西部地区的发展较为滞后。在新时期，要强化举措，形成西部大开发的新格局，主要做好以下工作：政府要加大政策、资金等要素的倾斜力度，提高西部地区人才的待遇并增加人才供给；加强基础设施建设，增加公共产品的供给，完善生态环境保护机制，大力发展绿色和特色优势产业；把握"一带一路"倡议这一重大发展机遇，提升开放型经济发展水平，实现内陆地区不断地对外开放；同时，可以鼓励、支持西部条件较好地区构建国家级新区、自由贸易试验区和国家级开发区等创新平台，发挥对本区域高质量发展的引领作用。

2. 东北振兴

东北老工业基地衰落的根源在于经济和行政体制僵化。因此，只有通过深化改革，进行转型升级，才能增加东北地区经济发展的活力，实现东北老工业基地的振兴。在新一轮推动东北地区发展的过程中，要主动适应经济与行业发展的新要求、新需要。不断深化以市场为导向的政治经济体制改革，引入先进的发展理念，提高市场化水平，改善营商环境，从而广泛吸引各类市场主体和丰富资源要素的流入；要积极推动产业结构的调整和升级，鼓励创业创新活动，支持资源型城市实现转型发展，深入推进国企改革；此外，还要不断完善区域合作机制，加强东北与东部地区的对口合作，推进高端产业向东北地区转移，从而实现东北地区真正"脱胎换骨"。

3. 中部崛起

中部地区承东启西、连接南北，区位优势明显，劳动力资源丰富，发展空间广阔，产业结构较为合理，经济发展平稳有序。因此，在新时代，中部地区要结合自身区位优势，实现中部崛起。主要做好以下工作：充分利用中部地区连接东西南北的区位优势、四通八达的基础交通运输网络以及矿产和人力资源丰富等方面的优势，强化中心城市的增长极作用，壮大都市圈经济，发挥对中部地区崛起的引领作用；巩固产业、创新等优势，提升新兴产业的发展水平，加快发展内陆开放型经济，助力中部地区迈入新的发展阶段；推动实现新型城镇化发展与产业支撑、人口集聚的有机结合，加快建设贯通南北、连接东西的现代立体交通体系和现代物流体系，有序承接产业转移，推进生态经济带的建设。

4. 东部率先

东部地区是我国经济发展的龙头，创新引领实现了东部地区的率先发展。其创新的引领作用不仅体现在科学技术创新上，还体现在制度体制的创新上。因此，东部地区实现了快速的转型以及陆海统筹。在支持东部率先发展方面，主要做好以下工作：充分发挥东部地区高端要素聚集、创新能力强、开放程度高和市场环境好等优势，加快世界级创新中心、高地的建设；培育新兴产业支撑的新动能，促进产业的升级与优化；发展现代服务业，更好地辐射带动其他地区；进行深化自贸试验区建设等重大制度探索，建立全方位开放型经济体系，参与更高层次的国际经济合作与竞争。

（二）突出四大战略统筹推进的引领能力

当前，我国区域发展已从过去的单个区域发展，转向推进多区域、跨区域的协调发展，已经形成了"一带一路"建设、京津冀协同发展、"长江经济带"发展、粤港澳大湾区建设四大跨区域协调发展战略的总体格局。四大战略强调实现基础设施互联互通，在重点领域率先突破和体制机制改革创新，打破地区行政壁垒和利益藩篱，向着区域合作联动、轴带引领、多极支撑的新格局转变。四大战略通过培育一批新的增长点、增长极和经济轴带，形成点、线、面平衡发展的新模式，最终实现区域协调发展。

1. "一带一路" 建设

"一带一路" 倡议是承接我国产业转移、外贸拓展和国际金融合作的重要载体，致力于完善国际双边和多边合作机制，强调实现合作共赢。通过打造国际合作新平台，打通国际合作新通道，开展跨国互通互联，不断推进同有关国家和地区多领域互利共赢的务实合作，激发了中国与世界共同发展的新动能。同时，"一带一路" 建设助推沿海、内陆、沿边地区协同开放，以国际经济合作走廊为主骨架加强重大基础设施互联互通，构建统筹国内国际、协调国内东中西和南北方的区域发展新格局。此外，在 "一带一路" 的框架下，实现以企业为主体，实行市场化运作。这就带来了更多的发展机会，使处于不同经济发展水平的东、中、西地区实现了协调发展，加速形成 "东西双向互济、海陆内外联动" 的开放格局。

2. 京津冀协同发展

"京津冀协同发展" 战略，其地域范围包括京、津、冀三省市，总人口超过 1 亿人，地区生产总值占全国的 1/10 以上，是环渤海经济圈的核心区域，也是我国经济第三增长极。京津冀协同发展的重点是通过对京津冀三地的要素进行整合，调整区域经济结构和优化城市空间布局，构建交通一体化网络。通过高起点规划、高标准建设河北雄安新区和快速推进北京城市副中心建设，探索有效治理"大城市病"的优化开发模式，从而有序疏解北京非首都功能。积极推进产业、交通、生态三个重点领域率先突破，扩大环境容量和生态空间，建设以首都为核心的世界级城市群，增强对环渤海地区和北方腹地的辐射带动作用，平衡南北方发展。打造新的首都经济圈、构建区域协同发展机制。

3."长江经济带"发展

"长江经济带"是我国推进区域协调发展与生态文明建设的重要载体，也是承接东西部、对接"一带一路"的核心经济带，囊括了全国 11 个省市，6 亿人口，以及超过全国 40% 的国内生产总值总量。"长江经济带"发展战略，以共抓大保护、不搞大开发为导向，统筹沿江东中西、上中下游不同经济发展水平区域，建立沿江交通走廊、产业廊道和城镇轴带，使其成为我国区域协调发展的重要支撑带。"长江经济带"利用横贯东西部、辐射南北方的区位优势，依托长江黄金水道，形成上中下游优势互补、协同合作的格局。要打破行政分割，消除市场壁垒，规范市场秩序，形成良好的政策环境和发展氛围，推动经济要素有序自由流动、资源高效配置、市场统一融合。着力推动"三大工程"(生态环保、综合交通、产业优化)和"三大制度"(区域协商制度、长江流域合作管理制度、负面清单管理制度)的建设。构建以上海为中心的城市群,带动长三角区域和长江经济带的协调发展。

4.粤港澳大湾区建设

粤港澳大湾区是我国当前最为成熟的区域经济一体化示范区,可以有效改变环太平洋的单向开放格局,将国内多个区域联系起来,通过市场力量推动区域发展、促进区域互动,形成中国对环太平洋和新兴市场经济体并重的"双扇面"开放格局。粤港澳大湾区包括了广东省的广州、深圳和珠海等9个城市以及香港、澳门两个特别行政区。在新的时期,要以香港、澳门、广州、深圳为中心引领粤港澳大湾区建设,带动珠江—西江经济带创新绿色发展,全面推进粤港澳和内地之间的互利合作,加快搭建经济高质量发展和对外贸易新平台,建设可持续发展的超级都市圈,打造湾区经济。

(三)激发城市群、都市圈的增长极效应

新时代的区域协调发展战略,确定了以城市群为主体来构建大中小城市和小城镇协调发展的城镇格局的新方略和实施路径,对我国拓展区域发展的新空间和建设现代化的经济体系,推进创新驱动、质量为先的城市与区域一体化发展起到价值引领导向。

1. 城市群

城市群指的是在特定地域范围内，通常以一个以上特大城市为核心，至少有三个以上大城市为组成单元，并依托发达的交通通信等基础设施网络所形成的空间组织紧凑、经济联系紧密并最终实现高度同城化和高度一体化的城市群体，是城市发展到成熟阶段的最高空间组织形式。城市群实力的增强，成为区域经济发展的支点。可以有效地促进区域内产业形式的优化调整、延伸产业链条以及实现区域内的资源整合。当今世界的竞争不是单个城市的竞争，而是城市群之间的竞争，以城市群引领区域经济发展的趋势在未来还会继续加强。

我国不断加大城市群建设的统筹规划力度，稳步开展城市群建设的探索。2016 年出台的《中华人民共和国国民经济和社会发展第十三个五年规划纲要》提出未来要进一步优化城镇化布局与形态，加快以城市群为载体的城镇化发展建设。2017 年，党的十九大报告提出要以城市群为主体构建大中小城市和小城镇协调发展的城镇格局。2018 年 11 月，中共中央、国务院颁布的《关于建立更加有效的区域协调发展新机制的意见》提出要建立以中心城市引领城市群发展、城市群带动区域发展新模式，推动区域板块之间的融合互动发展。2019 年《政府工作报告》指出要坚持以中心城市引领城市群发展。近年来，全国各城市群在推进区域一体化和协同发展上不断取得共识，城市群正逐渐从数量—规模增长过渡到质量—内涵增长的新阶段，从"铺摊子、扩圈子"的粗放型城市化发展进入到"调结构布局、深度城市化"

的加速发展阶段。目前，我国已经成型的主要核心城市群有：长三角城市群、珠三角城市群和京津冀城市群。初具规模的城市群有成渝城市群、中原城市群、长株潭城市群、关中城市群、哈长城市群、北部湾城市群等。与此同时，城市发展也正在从粗放到精致的转化，大城市特别是超大城市的功能正在进一步疏解。需要指出的是，我国地域辽阔，各地区资源承载力和环境容量差异较大，在发展城市群时切忌"一刀切"，而是要探索适合本地实际情况的城市群发展道路。

2. 都市圈

都市圈是城市群内部以超大和特大城市或辐射带动功能强的大城市为中心、以 1 小时通勤圈为基本范围的城镇化空间形态。其形成和发展是经济资源超越单一的城市、区域的边界，在更大范围内实现资源和要素流动与配置的结果。都市圈可以有效放大城市群核心城市的辐射力并发挥中心城市的引领作用，打破地区行政边界束缚，促进资源配置效率的提升，实现中心城市与周边中小城市的融合发展，加强城市治理和协调机制建设。

构建小尺度、跨区域、精准化的都市圈是区域协调发展的重要节点。我国积极开展都市圈建设的探索，主要经历了以下过程：2014 年国家发改委发布的《国家新型城镇化规划（2014—2020 年）》指出要"培育形成通勤有效、一体发展的都市圈"。2018 年 11 月，中共中央、国务院颁布《关于建立更加有效的区域协调发展新机制的意见》，要求"进一步细化区域政策尺度"。

2019 年 2 月，国家发改委颁布的《关于培育发展现代化都市圈的指导意见》指出要培育发展一批现代化都市圈，形成区域竞争新优势，为城市群高质量发展、经济转型升级提供重要支撑。

新时期，我们要加快跨区域层面都市圈的建设步伐，构建都市圈"功能—产业—人口—空间—公共服务"相协调的发展格局，重点做好以下工作：推进基础设施一体化，实现优质公共服务的共建共享；以大数据应用为支撑，统筹市政和信息网络建设；强化城市间产业分工协作，促进城市功能互补，推动中心城市产业高端化发展；建设统一开放市场，统一市场标准，促进人力资源市场、技术市场和金融服务一体化；强化生态环境共保共治，构建绿色生态网络；建立健全城乡融合发展体制机制，构建发展平台；构建都市圈一体化合作发展机制，健全相关机制建设。

（邹一南：中央党校（国家行政学院）经济学部副教授）

第 九 章

推动全方位对外开放

深入推动全方位、高水平对外开放，是建设现代化经济体系的重要组成部分，是全面建成小康社会的关键环节，是全面建成社会主义现代化强国，实现中华民族伟大复兴的强大动力，将为人类命运共同体的真正构建贡献出中国能量。"中国开放的大门不会关闭，只会越开越大"①。而且，中国越开越大的开放大门已经和正在为世界经济增长作出新的重要贡献。

一、全方位对外开放面临的新形势

2018 年，中国经济总量首次突破 90 万亿，国内生产总值达到 90.0309 万亿元；进出口总额首次突破 30 万亿元，货物贸易规模创历史新高，保持世界第一。中国经济增长对世界经济增长的贡献率接近 30%，持续成为世界经济增长最大的贡献者。这种

---

① 习近平：《决胜全面建成小康社会　夺取新时代中国特色社会主义伟大胜利》，人民出版社 2017 年版，第 34 页。

成绩的取得既是基于中国对外开放长期坚持"全方位"方针的深刻体现，也凸显出中国全方位对外开放所面临的形势正在发生着深刻变化。

（一）外部环境复杂严峻，正在发生明显变化

2018 年，中国经济运行稳中有"变"、"变"中有"忧"，尤其表现在外部环境复杂严峻，正在发生明显变化。这种现象可能会成为长期性趋势，成为今后相当长时期内冲击中国经济的重大风险源。

1. 世界经济复苏的曲折艰难历程不断长期化，构成了过去十余年以及未来较长时期内中国对外开放所必须面临的基本国际经济环境

国际经济环境是影响我国对外开放进程和措施选择的重要方面。从国际金融危机以来的经济增长总体态势看，世界经济复苏历程的"曲折艰难性"已经呈现出"长期化"特征。主要原因有：第一，国际金融危机之后，重大科技和产业创新困境所导致的实体经济新动能难以形成，使得以美国为代表的发达国家经济体已经落入长达十余年的低增长"陷阱"，而且这种低增长态势仍将延续较长时间。2007 年由美国次贷危机引发的国际金融危机，实质上是在经历了 20 世纪 90 年代信息产业高速发展之后，实体经济领域新动能长期匮乏所引致的经济危

机。^①2001 年美国互联网泡沫的破裂，终结了其近十年以信息产业带动经济长期较快增长的历程。由于经济增长所需要新的产业动力源在短期内难以实现有效成长，房地产市场的兴起以及金融市场的繁荣迅速主导了互联网泡沫破裂后的美国经济增长。国际金融危机爆发后，奥巴马政府试图通过发展新能源、再工业化、重建基础设施等方式振兴美国经济。然而，受多种因素的影响，奥巴马政府所推广的经济振兴措施没有明显效果。例如，新能源领域内部子产业类别的多元化^②，使得该产业无法效仿信息产业，通过某类重大技术的突破，进而引领经济的可持续发展。这种新世纪以来的重大科技和产业创新困境，是造成西方主要发达经济体十余年落入长期低增长"陷阱"的根本原因。^③又如，虽然奥巴马政府的再工业化政策^④，在一定程度上为特朗普政府所吸收，但劳动者长期的职业偏好和选择

①　各类研究经常把次贷危机的爆发归因于美国金融衍生品市场创新过度、金融监管滞后，以及宏观经济失误等。但如果从重大科技创新和产业革命的周期性特征看，次贷危机的主要根源就是一定时期内由于在实体经济领域难以找到新的产业增长点，推动大规模的逐利性资本流向虚拟经济，同时，美国强大的金融衍生品创新能力，必然造成房地产市场泡沫和金融市场泡沫的不断膨胀，最终积累到一定规模临界点而破裂引发的经济危机。也就是说，国际金融危机的表象是在"金融"领域，而实质在"实体经济"领域。

②　在新能源产业内部，光伏产业、风电产业、核电产业、生物质能产业等各自有着独立的技术特征，从而形成不同类的子产业。

③　当然，由于"页岩气革命"的成功极大地降低了美国经济社会和企业运行的成本，进而为美国经济增长表现优于欧盟、日本等经济体提供了重要基础，但没有从总体上逆转世界经济复苏曲折艰难的基本态势。

④　2017 年美国国内生产总值中，三大产业的比重为 0.9∶19.1∶80.0，其中，制造业占国内生产总值比重为 11.6%。

习惯①、工业化带来的负面环境影响、西方式民主投票机制等都会对美国大规模重建工业体系带来较大的滞后效应。因此，在过去的十余年中，人们所期望的美国经济复苏前景总是不断地被延迟。第二，人口老龄化、宏观经济政策、福利制度等因素进一步使日本、欧盟国家的经济增长陷入更为低速的状态，而且在短期内不可能得以改观。第三，受自身因素的影响，以及发达国家宏观经济政策的冲击，很多发展中国家如阿根廷等的经济增长前景并不乐观。虽然近年来印度②、越南③等国家实现了较快经济增长，但由于其规模偏小，短期内尚不能对世界经济总量及增速产生实质性影响。

2. 贸易保护主义、单边主义、孤立主义、民粹主义思潮，以及中美大国战略竞争的回归与升级等冲击下的世界经贸规则体系重塑和竞争将成为较长时间内制约中国对外开放的重大因素

近年来，伴随新兴市场和发展中国家的群体性崛起和对西方国家压制的反抗、西方国家各种内部矛盾的加剧，一部分发达国家的反全球化思潮和事件不断发酵、演化和升级，基于传统经贸规则的全球化面临着严峻的挑战，世界和平与发展正在受到日趋紧张的威胁。尤其是特朗普政府提出"大国战略竞争"对美国

---

① 经过长期向后发国家的产业转移进程，再将美国劳动者吸引回流参与大规模的制造业岗位，而放弃收入更可观、工作环境更优越的服务业岗位是非常困难的，即使对于高端制造业，亦是如此。

② 2018 年前三季度印度国内生产总值实际增速约为 7.7%。

③ 2018 年，越南国内生产总值增长 7.08%。

产生的威胁已经全面超过了恐怖主义，应成为美国处理国际关系最主要的安全关切，由此，中国被美国定位为主要战略竞争对手和修正主义国家①，竞争文化正在被全方位内化到美国的外交和经济社会发展中。在这种情况下，曾经作为中美两国关系的压舱石——经贸关系，其传统效应在中美战略竞争面前已经显得难以为继，成为两国竞争和冲突的重点领域。除了通过挑起经贸摩擦直接打压中国外，特朗普政府还试图通过类似《美国—墨西哥—加拿大协定》（USMCA）中"毒丸条款"②的措施来孤立、围堵中国。特朗普政府是否会彻底抛弃当前的国际经贸规则，尤其是WTO，进而构建一个旨在遏制中国的全球经贸规则体系尚不明确，但对中国的对外开放而言，其风险性已经急剧提升。

3. 国际均衡性力量的实质性匮乏，可能会进一步恶化中国的对外开放环境

新世纪以来，世界经济格局调整不断加深，"东升西降""南升北降"态势使得国际力量对比开始趋于平衡。2016 年新兴市场和发展中国家占全球经济的比重达 38.8%，比 2007 年提高10.5 个百分点，对世界经济增长的贡献率达 80%；金砖国家占

---

① 2017 年美国《国家安全战略报告》。
② 该协定规定，美加墨三国中，任何一国都不能"擅自"与"非市场经济"国家签署自贸协议。如果某一缔约方与其他非市场经济国家签订自贸协议，则其他两个缔约方可在六个月内自由退出本协定，并签署新的双边自贸协定。由于美国、欧盟、日本等至今仍拒绝承认中国是"市场经济国家"，因此，该规定被称为专门针对中国的"毒丸条款"。

全球经济的比重达22.4%，比2007年提高8.8百分点。①2017年，新兴经济体经济增速超过发达经济体2倍。然而，实践表明，在以美国为首的发达国家霸凌主义宏观经济政策的冲击下，这些发展中国家的美好前景显得十分脆弱。资本外流、货币贬值压力、贸易投资保护主义，以及地缘政治风险、国内政治动荡频发等一系列因素大大加剧了新兴市场和发展中国家经济增长态势的复杂性特别是反复性，增加了发展中国家的无助感。也就是说，迄今为止，与西方主要发达经济体相均衡的国际力量还处于实质性匮乏时期，一些发展中国家受到发达国家的利诱威胁在所难免，进而恶化中国的对外开放环境。

（二）国内经济运行压力持续增加，但仍处于并将长期处于重要战略机遇期的基本态势没有变，产业和企业的国际竞争新优势不断强化

经济发展进入新常态，我国要素成本上升、资源环境约束趋紧、产能过剩依然高企。全球化和开放型经济中，我国经济以成本、价格优势为核心的传统竞争优势呈现出弱化趋势，一方面，增加了国内经济运行的下行压力，进而在客观上削弱了国内产业转型升级的基础；另一方面，在主观上增强了构建以技术、标准、品牌、质量、服务为核心的综合国际竞争优势，实现国内产业转型升级的强大决心和动力，真正将我国的战略机遇期转化

---

① 汪洋：《深刻认识我国对外开放面临的新形势》，《人民日报》2017年11月10日。

为现实实践。

1. 现代化经济体系建设进入新阶段，供给侧结构性改革驶入深水区，为我国发展更高层次开放型经济提供了坚实保障

建设多元平衡、安全高效的全面开放体系，发展更高层次开放型经济，是现代化经济体系的重要组成部分。以提升我国在全球价值链分工中的位次为抓手，推动对外开放朝着优化结构、拓展深度、提高效益方向转变，既构成了全球化视野下推进我国供给侧结构性改革和高质量发展的核心内容，也是培育国际竞争新优势，提升我国在全球经济格局中地位的关键所在。

2. 居民收入和消费增长进入新阶段，消费理念和层次正在发生质变，既切实强化了我国战略机遇期的基础，也将有效引领着开辟对外开放新局面

作为市场需求的最终支配力表现，居民收入和消费是决定经济可持续增长乃至战略机遇期的重要因素。2018 年，全国居民人均可支配收入 4265.7 美元①，城镇居民人均可支配收入 5931.5 美元，农村居民人均可支配收入 2208.9 美元。2018 年，我国社会消费品零售总额为 57573.52 亿美元，人均社会消费品零售总额为 4216 美元。居民人均可支配收入和消费远远低于发达国家和世界平均水平的特点，意味着中国经济具有强大的可持

---

① 按照年平均汇率计算，下同。

续增长空间① 和战略机遇期空间。中国拥有全球规模最大、最具成长性的中等收入群体②,2017 年中等收入群体已超过 4 亿人③。一国中等收入群体规模不断扩大,是人们对产品与服务质量要求持续提高的最强大内在驱动力,这不仅表现在人们对本国产品和服务的高质量追求,同时表现在对它国产品和服务的高质量追求④。因此,进一步扩大中国与世界各国全方位、多层次、宽领域的相互开放势在必行。

3.科技创新能力的不断提升,为经济下行趋势有效减压,重塑并不断强化国际竞争新优势提供了不竭的产业动力

科技创新能力是引领经济可持续增长,赢得激烈国际竞争的最重要手段。2018 年我国研发经费支出超过欧盟 15 国平均水平⑤,达到 19657 亿元,比 2017 年增长 11.6%,占国内生产总值比重为 2.18%,其中基础研究经费 1118 亿元;研发人员总量居世界第一,发明专利申请量和授权量居世界首位。⑥ 科技创新能力的不断提升,逐步打造了高铁、核电、5G、北斗等我国稳

---

① 当然,由于资源有限性和人口规模庞大之间的矛盾,会极大地降低中国的居民收入和消费规模在长期内达到发达国家水平的可能性。

② 根据世界银行的标准即成年人每天收入在 10—100 美元。

③ 国家统计局 2019 年 1 月 21 日公布。

④ 人口规模庞大的特点,使我国所释放出的高质量追求对他国产品和服务的市场吸引力更为巨大。

⑤ 与美国的差距进一步缩小。

⑥ 2018 年,我国境内外专利申请 432.3 万件,同比增长 16.9%;授予专利权 244.7 万件,同比增长 33.3%;PCT 专利申请受理量为 5.5 万件。

步"走出去"的一系列新名片，重塑着我国参与国际竞争的新优势领域。以科技创新引领的传统产业持续升级，以及工匠精神的不断深入人心，使"中国质量"不断为世界人民所认同，国际竞争新优势的成长点不断增加。

4. 外贸新业态、新模式的快速发展，为提升企业国际化经营能力，建设贸易强国探索着新的动能，形成了推动外贸转型升级的诸多新亮点

尤其是跨境电商的健康发展、市场采购贸易方式的升级、外贸综合服务企业的发展等都为加快转换外贸发展动力，促进进出口增长趋于平衡，切实提升开放型经济水平提供了重要抓手。

二、当前我国推动全方位对外开放的成就和新特点

（一）当前我国推动全方位对外开放的成就

总体来看，在世界面临百年未有之纷繁复杂大变局的基本国际形势下，2018 年的中国对外开放取得了不俗的成就。

1. 外贸高质量发展得到有效推动，外贸稳中向好势头得以有效巩固

第一，2018 年，货物及服务进出口总额、出口额和进口额，

以及非金融类外商直接投资新设立企业数量①都创下了历史新纪录。

第二，货物及服务进出口结构不断优化，高质量发展成效显著。例如：新兴市场，特别是"一带一路"沿线国家的货物进出口占比②不断提升；中西部地区进出口的国内占比③不断提高；机电产品出口占比、一般贸易出口占比等都在不断提升；民营企业出口占比达到48%，比2017年提高1.4个百分点，继续保持出口第一大经营主体地位，促进着外贸经营主体的优化。

第三，货物出口和进口之间更趋平衡。2018年，我国进口增速快于出口增速，货物进出口顺差降低18.3%。

第四，尽管受多种压力的冲击，以人民币计价的对外非金融类直接投资额和对外承包工程额出现小幅下降，但我国非金融类直接使用外资仍延续了增长态势。2018年，对外非金融类直接投资额按人民币计价为7974亿元，比2017年下降1.6%④；对外承包工程完成营业额按人民币计价为11186亿元，比2017年下降1.7%⑤；我国实际使用外商直接投资额按人民币计价为8856亿元，增长0.9%，按美元计价为1350亿美元，增长3.0%⑥。其

---

① 2018年，非金融类外商直接投资新设立企业60533家，同比增长69.8%。

② 2018年，"一带一路"沿线国家进出口总额83657亿元，同比增长13.3%；占比为27.4%，比2017年提高0.9个百分点。

③ 2018年，中西部地区进出口占比为15.8%，比2017年提高0.6个百分点。

④ 当然，按美元计价为1205亿美元，同比增长0.3%。

⑤ 按美元计价为1690亿美元，同比增长0.3%。

⑥ 《中华人民共和国2018年国民经济和社会发展统计公报》。

中，2018 年，我国高技术制造业实际使用外资 137 亿美元，增长 38.1%。

第五，我国对外贸易有效支撑了世界经济贸易的发展。根据 WTO 的统计，2018 年前三季度，中国进口额占全球份额 10.9%，进口增加对全球进口增长贡献率达 16.8%。我国还成功举办了首届中国国际进口博览会，吸引了 172 个国家、地区和国际组织参会，3617 家企业参展，成交额达 578 亿美元。进博会的举办既为世界各国出口提供了新的机遇，为各国共享中国对外开放红利搭建了新的平台，为全球经济增长注入新的动力，也是中国推进新一轮高水平对外开放、主动向世界开放市场的重大举措，是构建开放型世界经济、建设人类命运共同体的具体行动。[①]

2. 深化对外开放的一系列重大改革举措得以推出

第一，大幅压缩外资准入负面清单，扩大金融、汽车等行业开放，营商环境国际排名大幅上升。2018 年 7 月 30 日起，我国开始施行《自由贸易试验区外商投资准入特别管理措施（负面清单）（2018 年版）》，清单长度减至 45 条。同时废止《自由贸易试验区外商投资准入特别管理措施（负面清单）（2017 年版）》。新版负面清单全方位推进开放，一、二、三产业全面放宽市场准入。例如，作为对外开放重点领域——服务业中的重点开放对

---

① 商务部网站，http://www.mof.com，gov.cn。

象，金融业将证券公司、证券投资基金管理公司、期货公司、寿险公司的外资股比放宽至51%，2021年取消上述领域的所有外资股比限制；汽车制造业取消了专用车、新能源汽车外资股比限制，2020年取消商用车制造外资股比限制，2022年取消乘用车制造外资股比限制以及合资企业不超过两家的限制；农业取消了小麦、玉米之外农作物种子生产外资限制。这说明中国的产业环境、法制环境、政策环境日趋完善，已经具备了推进全方位高水平开放的基础。

各项改革措施直接、有效推动了营商环境的变化。根据世界银行发布的《2019年营商环境报告：为改革而培训》，中国的全球营商环境排名由2018年的第78位大幅上升至2019年的第46位，成功进入了前50位的全球经济体之列。

第二，复制推广自贸试验区改革经验。2018年，国务院在原有11个自由贸易试验区①的经验探索基础上，批复同意设立海南自贸试验区。2018年11月，国务院印发《关于支持自由贸易试验区深化改革创新若干措施的通知》。自由贸易试验区的大范围复制推广，表明我国正在实施更加积极主动的开放战略，开放型经济新体制不断成熟，全面开放新格局日渐凸显。

第三，新设一批跨境电商综合试验区。继2015年、2016年，国务院分两批批准设立杭州等13个跨境电子商务综合试验区之后，2018年7月，国务院同意在北京、义乌等22个城市设立跨

---

① 2013—2017年，国务院先后批复成立了上海、广东、天津、福建、辽宁、浙江、河南、湖北、重庆、四川、陕西11个自由贸易试验区。

境电子商务综合试验区。这对于推动我国外贸转型升级，建设外贸强国具有重要支撑作用。

第四，出台稳外贸政策，货物通关时间压缩一半以上。针对贸易保护主义、单边主义等对全球贸易的冲击，2018 年 7 月 31 日，中央政治局会议提出了"六稳"工作，"稳外贸"是其中之一。我国通过出口退税、扩大出口信用保险覆盖面、再压减进口和出口整体通关时间及进出口监管证件并降低通关费用、加大金融信贷支持、加快国际贸易"单一窗口"建设等一系列政策手段降低企业制度性交易成本、程序性经营成本等，提高企业竞争力，实现外贸稳定增长。

第五，下调部分商品进口关税，关税总水平降至 7.5%。2018 年，我国通过实施汽车及零部件、日用消费品、工业品、进口药品、信息技术协议扩围产品等一系列产品进口关税的连续多次自主调整，将关税总水平由 9.8% 降至 7.5%，满足了人民群众多层次消费和美好生活需要，降低了企业成本，推动了产业升级，促进了对外贸易平衡发展，推进了更高水平对外开放，也使得互利共赢开放战略得到了坚定不移的贯彻奉行。

3. 共建"一带一路"取得重要进展，引领效应持续释放

到 2018 年，共建"一带一路"已经取得重要进展和显著成效①：中国已经与 123 个国家及 29 个国际组织签署了 171 份合

———————————

① 2019 年 3 月 6 日十三届全国人大二次会议记者会，国家发展和改革委员会副主任宁吉喆就"大力推动经济高质量发展"相关问题回答中外记者的提问。

作文件；扎实推进中老铁路、中泰铁路、雅万高铁、匈塞铁路等
项目，瓜达尔港、汉班托塔港、比雷埃夫斯港、哈利法港等项
目建设顺利，累计开行中欧班列 1.4 万列 ①；中国与"一带一路"
沿线国家货物贸易总额累计超过 6 万亿美元 ②，稳步推进中白工
业园、中国—阿联酋产能合作园区、中埃苏伊士经贸合作区等
园区建设；国家开发银行、中国进出口银行在沿线国家贷款余额
约 2500 亿美元，中国出口信用保险公司在沿线国家累计实现保
额 6000 多亿美元，中国已经与国际货币基金组织联合设立了能
力建设中心。另外，在科技交流、教育合作、文化旅游、绿色
发展、对外援助等方面，"一带一路"建设都取得了一系列成果。
总体上，"一带一路"引领效应得到了持续释放，极大促进了沿
线国家和世界经济的复苏和发展，就业、税收、民生和社会发展
等都得到了有效提升和改善。

4. 积极参与全球经济治理

2018 年，我国举办了中非合作论坛、上海合作组织峰会。
在区域贸易关系协定谈判、G20 与 APEC 会议，以及 WTO 改
革等方面，我国都采取了积极参与和推动的做法，充分释放了
中国声音，维护了多边贸易和治理体制，赢得了国际社会的
尊重。

---

① 不包括中国到中亚地区的班列。

② 2018 年，中国对"一带一路"沿线国家直接投资 156 亿美元。

（二）当前我国推动全方位对外开放的新特点

中国的对外开放从来就不是一帆风顺的。在各种世界大变局中，"危"和"机"历来是同生并存的。当前所取得的成就充分说明，中国全方位对外开放的前景依然是光明的，依然为中国长期处于重要战略机遇期提供着发展动力，只是对外开放的特点发生了变化。

1. 正在由商品和要素流动型对外开放向以规则为核心的制度型对外开放转变

过去四十多年的对外开放是基于削减关税和非关税壁垒的以商品和要素流动为主要内容的积极参与经济全球化的过程。[①]当前，经济全球化正在呈现出一些新的趋势和特点，比如，贸易保护主义、单边主义和逆全球化日渐兴起，WTO多边规则受到挑战；国际经贸规则的高标准化成为大势所趋。同时，"高质量发展"决定了中国迫切需要大规模引进各类创新型高端生产要素。一方面，这要求继续推动商品和要素流动型开放；另一方面，更加注重以规则为核心的制度型开放，逐步实现中国对外开放模式的转型，真正提升我国对外开放的水平和层次。为此，要全面实施市场准入负面清单制度和外商投资负面清单制度；在坚决支持开放、透明、包容、非歧视性的多边主义全球经贸体系的同时，

---

① 加入WTO以来，中国的对外开放尤为如此。

努力对接国际先进和通行的经贸投资规则体系，积极参与、引领新领域的国际投资贸易规则制定和修订；全力打造国际化、法治化、市场化、便利化、国际一流的国内营商环境等。

2. 大国关系的重塑和博弈成为影响我国全方位对外开放的重要因素

当前，尽管针对中美经贸摩擦的谈判似有曙光，但全局视角下的中美关系在今后较长时期内究竟会走向何方仍具有不确定性。尤其是随着中国经济规模和质量的进一步提升，美国的心理感受和应对措施是否会走向极端尚不能定论。未来几十年内，以中美为代表的大国关系的不断重塑和博弈将长期存在①。这对于中国的全方位对外开放可能具有方向性、决定性影响。

3. "平衡"发展将成为今后相当长时期内对外开放的重要方针

改革开放以来，出口导向型经济在较长时期内为我国经济增长作出了重要贡献，但同时也在一定程度上迟滞了提升外贸发展质量和促进国内产业转型升级的步伐，容易引致"逆差"国家的对抗，以"平衡"发展指导今后对外开放势在必行。

第一，货物贸易平衡发展。在不冲击就业和坚持以实体经济为主导的前提下，积极优化出口产业在全球价值链的分工；在不断优化结构的基础上保持出口规模的稳定；在迈向工业强国的

---

① 2019年3月，欧盟委员会发布的《欧中战略前景》把中国列为"系统性竞争对手"，充分表明了欧中关系的复杂性。

征程中努力实现出口产业的生态文明发展。重构中国外贸发展的重要目标——经常项目收支趋向平衡，对于促进经济高质量发展、充分满足人民群众日益增长的美好生活需要、真正构建人类命运共同体等都是不可或缺的重要方面。

第二，货物贸易和服务贸易均衡发展。服务贸易的滞后[①]是我国对外贸易发展中的重大短板。随着我国服务业在国民经济占比的持续提升，以及新业态、新模式的不断创新，服务业国际竞争力的逐步增强，实现服务贸易在对外贸易中比重的提升，尤其是在自由贸易区框架下与货物贸易均衡发展正在成为一种内生趋势。[②]

第三，引资和对外投资平衡发展。2018年，我国非金融类实际使用外商直接投资1350亿美元，非金融类对外直接投资额1205亿美元。进一步推动引资和对外投资的平衡发展，对于促进国际收支基本平衡和确保国内经济增长，以及更高水平对外开放中双向投资布局的国家战略与地方战略协同、产业发展战略的内外协同、投资战略与贸易战略的协同等都具有重要意义。

4. 对外开放的"多层次"和"宽领域"特征更加明显

新时代的对外开放，既是沿海内陆共同开放的格局，西部

---

① 2018年我国服务进出口总额为52402亿元，约为货物进出口总额的17.2%；服务进出口逆差为17086亿元。

② 2017年美国服务进出口总额为13189.85亿美元，约为货物进出口总额38896.4亿美元的33.2%。

地区正在成为对外开放的新重点，也是更多产业领域融入国际竞争舞台的时期，实行外商独资或控股经营的行业越来越多。中国各区域、产业的国际竞争力已经将对外开放的"多层次"和"宽领域"提升到了新的高度，也为进一步的"全方位"奠定了坚实的基础。

5. 外商投资合法权益的保护，特别是以知识产权为重心的产权保护迈向新时代

加强对外商投资合法权益的保护，既体现出国内营商环境的重大完善，塑造强大的对外商投资的吸引力，也有利于改善中国投资环境的国际形象，助力我国企业"走出去"，从而切实推动形成全面开放新格局，促进社会主义市场经济健康发展。2019年3月15日，第十三届全国人民代表大会第二次会议通过了《中华人民共和国外商投资法》，对于外国投资的征收征用、外国投资者在中国境内的出资、利润及各种收益所得以人民币或者外汇自由转出等合法权利进行了规定，对涉及外商投资规范性文件制定和商业机密进行了强化约束，对地方政府守约践诺提出了专门要求，对外商投资企业投诉维权机制进行了完善。

科技创新需要知识产权保护。全球化进程中，中国要成为科技强国，必须跨过这一重要关口。无论是自身企业，还是外国投资者和外商投资企业，均须严格遵守相关知识产权规则。《外商投资法》明确指出，国家依法保护外国投资者和外商投资企业的知识产权，同时，强调鼓励在外商投资过程中基于自愿原则和

商业规则开展技术合作，技术合作的条件由投资各方遵循公平原则平等协商确定，行政机关及其工作人员不得利用行政手段强制转让技术。这对于大规模引进高技术外商投资企业具有重要意义。

三、进一步推动全方位对外开放的有效举措

"忧""危"并不可怕，关键是如何提升化"危"为"机"、转"危"为安，从而去"忧"为"喜"的能力。2019年，我们要保持战略定力，变压力为推动高质量对外开放的动力，凝心聚力办好自己的事，继续坚持以推动全方位对外开放，培育国际经济合作和竞争新优势为总原则，进一步拓展开放领域、优化开放布局，继续推动商品和要素流动型对外开放，更加注重规则等制度型对外开放，迈向高水平对外开放新时代。

（一）继续推进对外贸易的高质量发展

2019年，我国要继续大力拓展出口市场，积极扩大出口信用保险覆盖面。进一步改革完善跨境电商等新业态的扶持政策。充分发挥综合保税区作用，激发中西部地区的外贸出口活力。多管齐下，促进服务贸易的创新发展。以举办第二届中国国际进口博览会为抓手，积极扩大进口，优化进口结构。进一步提升通关便利化水平，削减进口环节制度性成本。

（二）以制度和规则创新为大规模引进外资创造更优环境

第一，进一步压缩外资准入的负面清单，提高市场准入的"宽"水平，允许更多领域实行外资独资经营。尤其要切实落实金融服务业等加大开放的承诺。第二，落实《外商投资法》关于加强保护外商在华合法权益特别是知识产权的法律规定。第三，切实打造内外资企业一视同仁、公平竞争的公正市场环境。实现国际通行经贸规则在我国的无缝对接，提高政策透明度和执行一致性。第四，以赋予自贸试验区更大改革创新自主权，以及推动自贸试验区和国家级经济开发区、高新区、新区等的有机融入为基础，增强自贸试验区的辐射带动效应，打造对外开放新高地。尽快增设上海自贸试验区新片区，大力推进海南自贸试验区建设、探索建设中国特色自由贸易港。

（三）继续推动共建"一带一路"

中国愿意让所有"一带一路"相关国家共享中国机遇。2019 年 3 月 23 日，意大利正式成为首个签署"一带一路"倡议谅解备忘录的 G7 国家。这充分说明，"一带一路"倡议真正契合了各参与方的经济社会发展和民生就业改善需要，其共商共建共享的合作原则正在得到广泛认同，受到国际社会越来越广泛的支持和参与。在推动共建"一带一路"进程中，要充分发挥企业主体作用，遵循市场原则和国际通行规则；要继续推动基础设施互联互通，加强国际产能合作，拓展第三方市场合作;① 要促进对"一带一路"相关国家投资合作的健康有序发展。2019 年要办好第二届"一带一路"国际合作高峰论坛。

（四）继续积极参与全球经济治理体系变革，促进贸易和投资自由化便利化

中国是经济全球化和自由贸易的坚定维护者。多年来，中国愿意与任何有意愿的国家和地区商签高标准自贸协定，积极推进了区域全面经济伙伴关系协定、中日韩自贸区、中欧投资协定谈判，努力构建高标准自贸区网络。中国一贯秉持互利合作、共赢发展，主张通过平等协商解决贸易争端。关于中美经贸摩擦，中国努力在最大程度上释放出善意，愿意以谈判和磋商的方式加以解决，愿意就技术转让、知识产权保护、非关税壁垒、服务业、农业、贸易平衡、实施机制等问题开展深入交流。中国政府过去、现在和将来都会认真履行自己所作出的各项承诺，当然也会坚决维护自身合法权益。中国将继续积极参与世贸组织改革。

（李江涛：中央党校（国家行政学院）经济学部教授）

---

① 2018 年，中国先后与荷兰、比利时、西班牙、日本等国家签署了加强第三方市场合作的相关文件。

责任编辑：陈百万 李源正

图书在版编目（CIP）数据

推动中国经济高质量发展／曹立 主编 ．—北京：人民出版社，2019.6

ISBN 978－7－01－020916－6

I.①推…　II.①曹…　III.①中国经济－经济发展－研究　IV.① F124

中国版本图书馆 CIP 数据核字（2019）第 113971 号

推动中国经济高质量发展

TUIDONG ZHONGGUO JINGJI GAOZHILIANG FAZHAN

曹 立　主编

人民出版社 出版发行

（100706　北京市东城区隆福寺街 99 号）

中煤（北京）印务有限公司印刷　新华书店经销

2019 年 6 月第 1 版　2019 年 6 月北京第 1 次印刷

开本：710 毫米 ×1000 毫米 1/16　印张：14

字数：144 千字

ISBN 978－7－01－020916－6　定价：42.00 元

邮购地址 100706　北京市东城区隆福寺街 99 号

人民东方图书销售中心　电话（010）65250042　65289539